KB251154

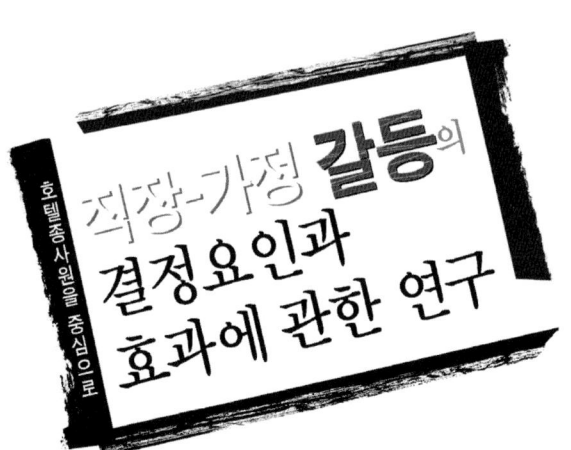

직장-가정 갈등의
결정요인과
효과에 관한 연구

호텔종사원을 중심으로

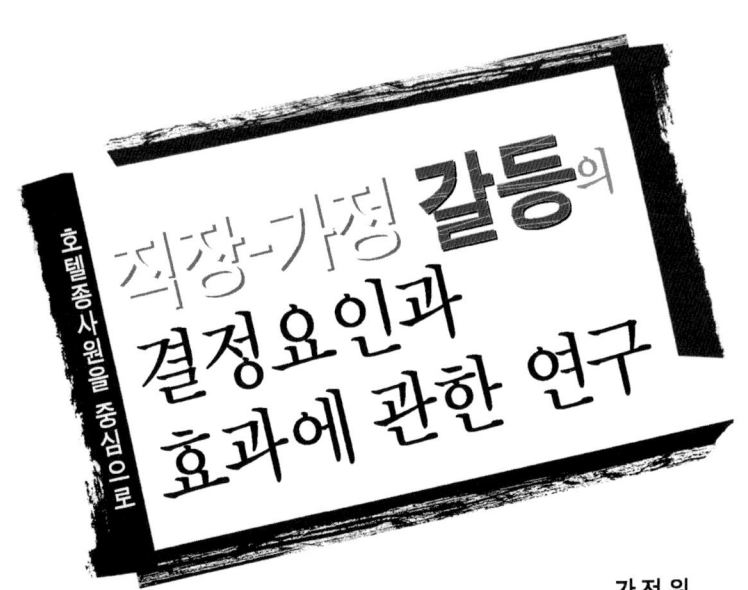

호텔종사원을 중심으로

직장-가정 **갈등**의
결정요인과
효과에 관한 연구

강정원

KSI 한국학술정보㈜

¶ 서 문

직장에 매여 있고, 돌볼 일이 많은 나이 불혹에도 다시 학문을 시작할 수 있음에 먼저 나는 내 자신에게 감사와 격려를 보낸다.

내가 학문을 시작할 때나 지금도 나는 늘 이 세 가지 질문에 대해 적극적인 자세와 열린 마음을 가지려고 노력하고 있다.

나는 세계에서 일어나고 있는 변화를 내 자신의 문제로 받아들이고 있는가?

나는 이것을 받아들이기 위해 얼마나 노력하고 있는가?

나는 변화가 가져올 기회를 위해 미래를 얼마나 준비하고 무엇을 실천하고 있는가?

이 논문이 완성되고 내가 지금의 여기까지 올 수 있었던 것은 제자 사랑이 가득하신 두 분 스승님의 덕분이며, 두 분께 깊이 머리 숙여 고마움을 전하고 싶다.

이한검 교수님은 학부 시절부터 인생을 살아가는 정도와 학자로서의 본을 보여주신 분이시고, 이종훈 교수님은 나의 석사, 박사 지도 교수님으로서 학문을 연구하는 올바른 자세와 지칠 줄 모르는 열정을 나에게 보여주신 분이시다.

이 두 분의 사랑과 가르침이 없었다면 내가 어떻게 이런 기쁨의 시간을 누릴 수 있었겠는가.

또 다른 감사는 늦은 나이에도 직장 생활하면서 공부하는 데 부족함이 없도록 언제나 함께해 준 가족들에게, 계셨으면 너무나 기뻐해 주셨을 부모님께도 감사를 드린다.

함께 학문을 연구한 학교의 선·후배님들, 늦은 나이에 학문을 시작할 때 격려와 용기를 주신 사회의 선·후배님들께 감사를 드리며, 학문을 시작할 수 있도록 도와주신 많은 분들의 기대와 격려를 잊지 않고 베풀어주신 사랑과 가르쳐 주신 지식을 기업과 후학을 위해 최선을 다해 나눌 것이다.

마지막으로 10년 가까운 긴 세월을 포기하지 않고 이런 작은 결실을 맺을 수 있었던 것은 내가 세상에서 가장 사랑하고 존경하는 친구, 내가 세상에 없어도 나를 대신해 줄 수 있는 친구, 지금은 미국 캘리포니아에서 의술을 펼치고 있는 김광섭, 김효남 부부의 격려와 성원, 그들과의 약속을 지키기 위해서, 보다 나은 모습을 보여주기 위해서 나는 포기할 수 없었다. 이 친구에게 감사의 마음을 전하며, 부족하고 모자람이 많은 논문을 다시 책으로 출간할 수 있는 기회를 주신 한국학술정보(주) 관계자 분들께 감사를 드린다.

저 자 강정원

Contents

제 3장   연구 설계 / 59

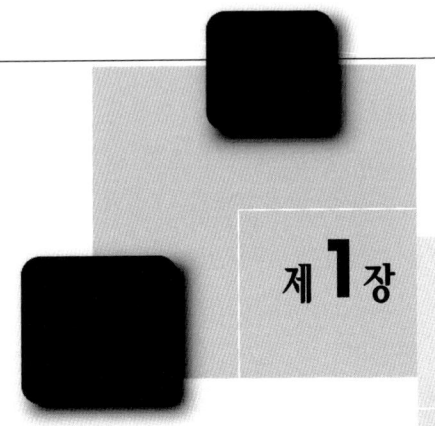

제 **1** 장

서 론

제1절 문제의 제기 및 연구의 목적

조직행동이나 인사관리 분야에서 개인과 조직의 조화라는 원칙은 오랫동안 그 중요성이 강조되어 왔으나 그 이면에 조직 내 개인이라는 암묵적 가정을 가짐으로써 기존의 조직행동연구는 조직의 문제를 개인의 전체 생활영역으로부터 분리시켜 다루었다. 즉 전통적으로 직장과 가정은 상호 분리된 영역으로 인식되어 왔다. 하지만 노동시장이나 가족구조 등의 다양한 환경변화와 함께 최근 들어서는 직장생활과 가정생활의 양립에 대한 중요성이 크게 부각되고 있다. 따라서 조직에서 개인의 태도나 행동을 이해하기 위해서는 조직구성원을 단순히 조직 내 인간의 측면에서만 파악해서는 아니 되며 조직 외적 측면을 공유하고 있는 전제로서 인간으로 보아야 할 필요성이 있다.

전통적인 성역할변화와 가치관변화로 현대 남성들은 과거에 비해 보다 많은 시간과 에너지를 가정에 투입하여야 하는 성역할을 요구받고 있다(Pleck, 1985; Michelson, 1983). 즉 여성들의 경제활동참여 확대로 인하여 가정경제에서 여성의 역할비중과 맞벌이 부부의 증가로(Mcelwain, et al. 2005) 부부관계에서의 상대적 지위가 변화함으로써 남성들은 과거와 다른 가족중심의 역할 증가를 요구받고 있다. 또한 가족형태의 변화, 라이프스타일의 변화, 조직구성원의 태도 및 가치관의 변화 등의 사회 환경 변화에 따라서 가정생활 및 개인적 생활의 중요성이 부각되고 또한 직장생활과 가정생활사이의 균형에 대한 관심이 높아지고 있다. 하지만 개인이 여가생활과 가정생활에 더 많은 비중을 두고 생활하려 하지만 직장에서의 너무 광범위하고 시간적인 측면에 있어서 역할과부하로 인해 직장과 가정 사이에 갈등이 발생되고 있다. 이러한 갈등은 근로자의 가정문제가 단순히 사생활에 머무르는 것이 아니라 궁극적으로 직장생활에도 영향을 미칠 수 있음을 의미한다(강혜련 & 최서연, 2001). 이러한 맥락에서 기업은 기업구성원의 가정 관련 욕구들에 대해 관심을 가져야 하며 직장－가정 갈등의 원인과 부정적인 결과에 주목을 하여야 할 것이다(임효창 외, 2005). 실질적으로 직장과 가정생활이 서로 갈등적이고 이에 잘 대처하지 못할 때 직무수행저하, 결근율 증가 등 직장에서의 부정적인 영향뿐만 아니라(Greenhaus & Beutell, 1985; Allen, Herst, Bruck & Sutton, 2000) 가정생활의 불안정성과 파탄을 초래할 수도 있으며 더 나아가 삶의 질이 저하될 가능성이 크다(장재윤 & 김혜숙, 2003). 따라서 직장－가정갈등은 조직연구자들에게 중요한 주제가 되어왔으며 (Carlson & Kacmar, 2000; Frone et al., 1997; Greenhaus & Powell, 2003; Netemeyer et al., 1996) 더불어 직장과 가정에서의 역할 요구들 간의 균형 잡기는 개인뿐만 아니라 조직에게도 중요한 도전이며 인적자원개발과 관련된 국가정책의 측면에서 그 중요성이 증대되고 있는 추세이다(이은희, 2000; Kosseck & Ozeki, 1998).

본 연구에서는 직장－가정갈등과 관련하여 기존연구에서 다루지 않았던 부분들과 제한적으로 연구되어왔던 부분들에 대한 추가적인 연구를 수행하고자 한다.

먼저 기존의 직장－가정 갈등에 관한 연구는 주로 직장내 영역 혹은 가정내 영역과 직장－가정 갈등의 관계(Kopelman, Greenhaus & Conolly, 1983; Higgins & Duxbury, 1992), 직장－가정갈등의 선행변수로서 구조적 특성과 심리적 특성에 관한 연구(Frone, Russell & Cooper, 1992; Hughes & Galinsky, 1994; Voydanoff, 1998)가 주를 이루었으며 직장-가정갈등의 결과변수와 관련해서는 직장생활·가정생활의 질, 직무·삶·가정생활·결혼생활의 만족도 등 주관적인 측면에 미치는 영향관계(Pleck et al., 1980; Kopelaman et al. 1983)가 주를 이루었다. 하지만 직무차원에 대한 연구가 미비한 실정이다.

따라서 본 연구에서는 직무차원의 관점에서 근무시간, 직무스트레스, 고용불안정성이 직장-가정갈등이 어떠한 영향을 미치며 직장-가정갈등이 조직몰입과 경력몰입에 어떻게 나타나는지 실증적으로 분석하고자 한다.

두 번째로 대부분의 연구들이 서구문화권을 중심으로 대부분의 연구가 이루어져왔으며 국내에서 이루어진 대부분의 연구는 전업주부나 취업여성을 대상으로 한 연구가 주를 이루었으며 남성을 포함한 일부의 연구(김홍규·가영희, 2005; 임효창 등, 2005)가 이루어지기도 하였으나 직장-가정 갈등을 유발하는 직무관련요인들에 대한 연구접근이 제한적이었으며 연구대상 또한 일반기업에 종사하는 종사원들을 대상으로 하였다. 특히 본 연구에서는 서비스기업 중 호텔기업에 종사하는 종사원을 대상으로 본 연구를 수행하고자 한다. 이는 인적자원의 관리가 모든 기업들에 있어서 중요한 부분이지만 인적서비스에 의존하는 범위가 넓은 호텔기업의 경우 유능한 인적자원의 확보 및 유지, 관리가 경영의 성패를 좌우하기 때문에 우수한 서비스를 제공하는 종사원의 역할이 중요하다(오석윤, 2003). 즉 고객접점에 있는 종사원의 경우 고객에게 뛰어난 품질의 서비스를 직접적으로 전달하기 때문이다(Babakus et al. 2003). 또한 인적자원의 역할과 기업성과 간의 관계가 다른 산업들에 비해 더 밀접하기 때문이다 (Kolter & Armstrong, 2001). 실제적으로 서비스기업에 종사하는 종사원을 대상으로 한 연구에 의하면 직장-가정갈등에 당면할 경우 성과가 떨어지거나 직무불만족이 발생하며 또한 이직의도가 높아진다고(Sohi, 1996; Boles et al., 2003; Netemeyer et al., 2004; Boyar et al., 2003; Karatepe & Sokmen, 2006) 한다. 따라서 본 연구에서는 호텔기업에 종사하는 종사원을 대상으로 연구를 수행하고자 한다.

마지막으로 직장-가정 갈등에 대한 연구가 최근에 많이 이루어지고 있지만 조절효과에 대한 검증은 비교적 적은 편이다. 기존의 연구에서는 직무관련 갈등이 근로자의 직무태도에 미치는 효과를 조절하는 변인들에 대한 부분적인 연구는 이루어졌지만 직장과 가정에서 발생하는 갈등이 조직유효성에 미치는 영향을 조절하는 변인들에 대한 연구는 미비한 실정이다. 따라서 본 연구에서는 사회적 지원이라는 요인을 이용하여 조절효과를 살펴보고자 한다. 이는 사회적지원의 효과가 비규범적 생활사건으로 인한 스트레스의 손상효과에 대한 정서적 지원의 완충효과(Murrell & Norris, 1983)를 제공하며 제공받는 지원의 효과에 대한 개인의 주관적 신념이 스트레스의 부정적 영향으로부터 개인을 보호하는 데 많은 효과가 있는 것으로 나타났기 때문이다(Cohen & McKay, 1983; 김은경, 2001).

결론적으로 이러한 연구결과들을 바탕으로 종사원 자신과 그들의 가족들을 보호하는 차원뿐만 아니라 기업 및 조직의 성과를 제고할 수 있는 방안을 도출하고자 한다.

제2절 연구의 방법 및 범위

1. 연구의 방법

본 연구는 문헌적 고찰을 통하여 직장-가정갈등 제 이론, 직장-가정갈등에 영향을 미치는 선행변수로서의 직무특성과 결과변수로서 조직몰입과 경력몰입에 대한 개념을 정리하고 이를 바탕으로 직무특성이 직장-가정갈등에 어떠한 영향을 미치며 또한 직장-가정갈등이 조직몰입 및 경력몰입에 어떠한 영향을 미치는지와 성별에 따라 직무특성이 직장-가정갈등에 어떠한 차이를 보이며 마지막으로 사회적 지원에 따라 직장-가정갈등이 조직 및 경력몰입에 어떠한 조절효과를 보이는지 실증적으로 분석하기 위해 연구모형과 가설을 설정하였으며 이를 검증하기 위한 변수의 측정과 문항을 구성하였다.

본 연구를 수행하기 위해 서울에 위치한 특1·2급 호텔에 종사하는 종사원을 대상으로 설문자료를 수집하였으며 수집된 자료는 SPSS WIN 12.0 통계패키지를 이용하여 빈도분석, 요인분석, 신뢰도분석, 상관관계분석, 다중회귀분석, t-test, 조절회귀분석 등의 통계분석을 이용하였다.

2. 연구의 범위

상기의 연구방법에 따라 본 논문은 다음과 같이 총 5장으로 구성하였다.

먼저 제1장은 서론으로서 문제의 제기 및 연구의 목적, 연구의 방법 및 범위에 관하여 서술하였다.

제2장에서는 이론적 배경으로서 직장－가정갈등의 개념 및 제 이론, 직무특성과 직장－가정갈등의 관계 및 직장－가정갈등과 조직 및 경력몰입의 관계, 성별과 사회적 지원에 대한 개념적 정리 및 선행연구를 바탕으로 이들 변수들 간의 상호관계를 개념화하였으며 제3장에서는 연구의 설계로 제2장의 이론적 배경을 바탕으로 연구의 모형을 도출하고 이를 검증하기 위해 가설을 설정하였다. 연구에 사용될 변수들은 조작적 정의를 거쳐 자료의 수집방법, 설문지의 구성, 표본의 선정방법, 분석방법 등을 제시하였다.

제4장에서는 실증분석의 결과 및 해석부분으로 연구가설에 대해 검증하였으며 이를 해석하여 제시하였다.

마지막으로 제5장에서는 본 연구의 결론으로서 연구가설의 검증을 통해 밝혀진 결과를 요약하고 연구의 시사점 및 연구의 한계점, 향후 연구방향에 대해 제시하였다.

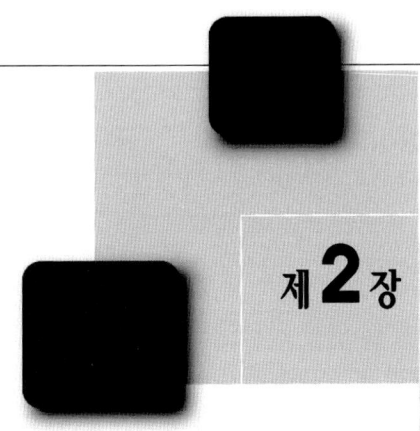

제**2**장

이론적 배경

제1절 직장 - 가정 갈등

1. 직장 - 가정 갈등의 개념

직장-가정 갈등에 관한 연구는 최근 조직 내의 여성인력의 증가와 함께 관심이 되고 있는 분야로서 이는 조직원으로서의 개인을 연구하는 데 있어 가정과 같은 조직 밖의 변수를 고려하는 일련의 연구흐름과 연관되어 있다. 이런 연구 방향은 개인의 직장생활이 가족과 같은 개인적인 상황을 함께 고려하여 조명되어야 한다는 공감대를 형성하고 있다.

직장-가정 갈등에 대한 대부분의 연구들은 이를 역할 간 갈등의 한 유형으로 파악하고 있다(Duxbury & Higgins, 1991; Frone, Russell, Cooper, 1992; Greenhaus & Beutell, 1985; Gukek, Searle & Klepa, 1991; Higgins, Duxbury & Irving, 1992; Kopelman, Greenhaus & Connolly, 1983; O'Driscoll, Ilgen & Hildreth, 1992).

Greenhaus & Beutell(1985)은 직장-가정갈등을 Kahn et al.(1964)이 정의한 역할갈등을 기초로 하여 직장과 가정 두 생활영역에서 역할압력이 여러 가지 이유로 상호양립할 수 없는 경우에 발생하는 역할 간 갈등의 한 형태로 정의하였다. 즉 과중한 직장 일 때문에 가정역할수행이 어려운 경우와 가정 일 때문에 가정역할수행이 어려운 경우와 가정일 때문에 직장역할수행이 어려운 경우에 발생하는 역할갈등이다. 이러한 직장-가정갈등은 직장과 가정 양 영역의 스트레스에 대한 연구를 통합하기 위한 것으로 볼 수 있다. 특히 직장-가정갈등은 직장생활과 가정생활의 적합성을 반영하는 것으로 직장환경이 가정생활의 질에 영향을 주는 관계와 가정환경이 직장생활의 질에 영향을 주는 관계 사이에 개입하여 두 영역을 연계하는 중요한 개념이라고 할 수 있다(Frone & Cooper, 1992).

또한 역할 간 갈등에 기반을 둔 직장-가정갈등이 연구되어야 하는 것은 집단에서 사람들은 동시에 여러 역할을 맡게 되는데 한 개인에게 서로 모순되는 역할이 주어졌을 경우 이들은 각 역할들을 동시에 수행할 수 없기 때문에 과중한 심리적 부담을 느끼게 됨과 아울러, 구성원들 간의 역할기대와 역할행동은 항상 일치되지 않으며, 도리어 역할기대와 실제 역할행동 간에 차이가 생김으로써 역할갈등이 야기되는 경우가 많다. 이러한 역할갈등은 조직의 하위계층에서 심각한 문제로 대두되는 한편 역할 모호성과 더불어 개인이나 집단에 부정적인 효과를 미치게 되어 긴장과 불안감이 야기되며, 이직률이 증가하고 생산성이 저하될 소지가 있다. 그러므로 집단의 효율성과 전체 조직체의 성과를 높이기 위하여 조직구성원들이 갖게 되는 역할갈등을 가능한 한 줄이고, 상호간의 역할기대와 역할행동이 조화를 이루도록 노력해야 하고, 이를 위해서 역할갈등의 한 유형으로 나타나고 있는 직장-가정갈등에 대한 연구가 필요할 것이다.

2. 직장 - 가정 갈등에 대한 제 이론

1) 직장영역과 가정영역 관계에 관한 제 이론

직장영역과 가정영역의 관계에 대한 모형은 세 가지로 나누어 볼 수 있다.(Champoux, 1980; Kabanoff, 1980; Staines, 1980; Near et al., 1980) 이들 세 가지 주요모형은 전이이론(spillover theory), 보상이론 (compensation theory), 분리이론(segmentation theory)이다. 각 모형에 대해 구체적으로 살펴보면 다음과 같다.

(1) 전이이론(spillover theory)

전이이론은 직장환경과 가정환경에서 발생하는 일들 사이에 유사성이 있다고 주장한다. 전이는 일반적으로 긍정적 접근이라고 하는데 여러 문헌에서 확장, 일반화, 친밀성, 정체성, 연속성, 동질성 그리고 적합성 등의 다양한 용어로 쓰이고 있다(Staines, 1980). 이 모형은 사람들이 직장에서의 경험과 직장 외의 경험을 분리 할 수 있는 능력을 가지고 있다고 보지 않는다. 즉 직장에서의 행복은 가정에서의 행복을 유발하게 되고 더 나아가 개인의 직장경험은 그가 직장 밖에서 하는 행동 및 일 등에 영향을 주게 된다고 가정한다. 또한 직장생활 태도가 개인에게 깊이 파고들어서 가정생활 태도로 옮겨가거나 혹은 자신과 타인 그리고 자녀들에 대한 기본적 지향성에 영향을 준다고 가정한다(Zedeck & Moiser, 1990).

전이모형은 두 가지 형태를 가질 수 있다. 하나는 긍정적 전이이고 다른 하나는 부정적 전이이다. 전자는 직무가 만족스럽고, 직무에 몰입되어 있는 사람은 동일하게 만족스러운 가정생활을 유지한다는 것이다. 이런 입장은 암묵적, 명시적으로 직장생활의 질 향상을 위한 노력의 배경이 되고 있다. 후자는 일이 지루하고 관심을 끌지 못하는 경우 근로자를 무기력하게 만드는 에너지 결핍현상이 일어나게 되고, 이는 가정생활에도 부정적으로 반영된다는 것이다.

(2) 보상이론(compensation theory)

보상이론은 직장과 가정 사이에 역의 관계가 있고, 따라서 직장과 가정에서의 경험은 대조적 경향이 있다고 주장한다. 흔히 부정적 접근이라고 하는데 대비, 보완, 반대, 경쟁, 재생성, 이질성 등의 용어로 불려진다. 이 모형은 기본적으로 현대 산업 사회에서 각 생활영역들은 필연적으로 나누어져 있다는 가정에서 출발한다. 즉 개인들은 각 환경에 대해서 차별적 투자를 하게 되고, 한 영역에서 잃게 되는 것을 대신 다른 영역에서 얻는다고 보는 것이다.

보상모형에 따르면 개인들은 자신의 직장역할과 직장 외 역할을 두 개의 상이한 방식으로 연결하게 된다. 첫째, 직무에 만족 내지 몰입하지 못하는 사람들은 직장 밖에서 만족하고 몰입할 수 있는 활동에 참여함으로써 이러한 박탈감을 보상하고자 시도한다. 둘째, 직무가 충분한 만족과 몰입을 제공하는 경우에 개인들은 굳이 직장을 벗어나서 추가적인 만족이나 몰입을 찾아야겠다는 필요성을 느끼지 못한다. 한편 보상이론은 구성요소에 따라서 두 가지로 나눌 수 있다. 하나는 보충적 보상으로 직장에서 불충분하게 존재하는 바람직한 경험, 행동, 심리상태를 가정생활에서 추구하는 것을 의미한다. 다른 하나는 반응적 보상으로 직장에서 경험한 박탈감이 직장 외 활동에 의해서 보상되는 것을 의미한다. 이외에 보상이론은 가정이 직장에서의 실망감을 완화시켜주는 충격흡수 역할을 수행한다고 보고되기도 하였다.

(3) 분리이론(segmentation theory)

분리이론은 직장환경과 가정환경이 상호 개별적인 것이고, 개인은 다른 영역의 영향 없이 한 영역에서 성공적으로 기능할 수 있다고 주장한다. 이는 단절, 구분, 중립 등의 용어로 불린다.

이 모형은 시간, 공간, 기능상의 분리가 개인들로 하여금 그들의 생활을 분명하게 구획 짓는 것이 가능하도록 한다는 것이다. 가정은 사랑, 친밀감, 중요관계의 영역으로 파악되고, 반면에 직장은 몰개성, 경쟁성, 수단성의 장소로 생각된다.

현재 이들 세 가지 모형에 대한 접근들은 직장과 가정이 어떻게 상호영향을 주는지를 설명하는 경쟁적 이론으로 간주되고 있다. 그런데 직장과 가정의 관계는 이들 세 가지 접근 중에서 하나에 의해서만 설명되는 것이 아니라 기존의 연구결과 세 가지 이론 모두에 대한 증거를 보여주고 있다. Staines(1980), Kossek & Ozeki(1998)는 대개의 연구들이 보상이론보다는 전이이론에 대한 증거를 더 많이 제시하고 있다는 결론을 내리고 있지만, 보상이론으로 해석 될 수 있는 연구결과들도 있다. 한편 분리이론은 직장생활이 가정에서의 경험과 유의미한 관계를 가지고 있지 않다는 점을 강조한다. 따라서 이 세 가지 접근이 모두 직장영역과 가정영역을 연결시키는 작용을 한다고 보는 것이 가장 합리적인 결론일 것이다. 하지만 본 연구에서는 세 가지 이론 중에서 전이이론을 따르고자 한다. 이는 다음과 같은 이유에 의해서이다. 먼저 Champoux(1980)는 모든 사람들이 동일하게 전이모형, 보상모형 또는 분리모형에 의해서 설명될 수 있는 것이 아니라는 점을 지적한다(Champoux, 1980). 즉 사람들은 단순히 하나의 모형에 의해서 행동하는 것이 아니라 직무집단에 따라서 훨씬 더 복잡한 양상을 나타낼 수 있으므로, 이러한 관계의 복잡성을 직무재설계 또는 직장생활의 질 향상을 위한 접근에 반영해야 한다고 제안하였으며 둘째, 전이모형에 따라 일에 적응하는 사람들에게 있어 직무내용의 변경은 직장이외의 전체 생활경험에까지도 영향을 줄 수 있으므로 높은 다양성, 도전성, 창의성의 성격을 띠는 직무는 직장 외 경험에 대해서도 상응하는 변화를 유발할 것으로 예상할 수 있다. 반면 보상모형에 의해 설명되는 사람들에게 있어서 직무내용의 변화는 개인들이 직장 안에서 추가적인 만족을 추구할 필요성을 느끼지 못하도록 할 가능성이 있다. 또한 직장 외 생활에서의 만족을 통해 보상받음으로써 직장경험의 부정적 측면에 적응하고 있는 사람들에 대해 직무재설계를 시도하는 것은 기업의 입장에서 불필요한 비용의 지출로 간주될 수도 있다. 그리고 마지막으로 본 연구에서 정의한 직장-가정갈등 개념이 직장의 가정역할 방해와 가정의 직장생활 방해의 양방향성을 가지고 갈등의 원천을 제공한다는 점에서 전이이론의 관점에 부합된다. 즉 직장-가정갈등 개념을 방향성을 기준으로 하위차원을 살펴보면 직장과 가정에서의 부정적인 태도가 각기 다른 영역에서도 동질적인 영향을 주기 때문이다.

2) 직장-가정 갈등에 관한 제 이론

직장-가정 갈등을 보는 관점은 크게 4가지로 나누어 볼 수 있다. 직장일과 가정 일에 사용하는 총 시간의 양과의 관계를 보는 합리적 관점, 성이 직장-가정 갈등에 영향을 미친다고 보는 성역할 관점, 객관적 변수보다는 주관적, 심리적 측면에 초점을 두는 가치기반 관점, 마지막으로 역할이전의 용이성에 따라 직장-가정 갈등에 대한 지각이 달라진다는 역할이전 관점이다. 본 연구에서는 직장-가정갈등이 어느 한 관점에 의해서만 설명되어지는 것이 아니라 4개의 관점이 복합적인 양상을 나타낼 것이라고 보고 이 4가지 관점을 자세히 살펴보면 다음과 같다.

(1) 합리적 관점

합리적 관점(rational view)에서는 직장일과 가정 일에 사용하는 총 시간의 양과 직장-가정 갈등 간에 선형관계를 가지고 있다고 본다 (Gutek et al. 1991). 즉 사람들이 직장역할 또는 가정역할에 더 많은 시간을 사용할수록 더 많은 갈등을 지각하게 된다고 설명한다. 또한 단순히 양적인 측면 이외에 다음과 같은 점을 고려할 수 있다. 대부분 직장 일과 가정 일은 분리된 장소에서 수행되기 때문에 일반적으로 개인들은 직장역할과 가정역할을 동시에 수행하는 것이 물리적으로 불가능하다. 즉 한 역할에서 사용되는 시간은 다른 역할수행을 위해서 이용될 수가 없고, 따라서 역할 간 갈등 발생의 가능성을 크게 만든다.

(2) 성역할 관점

성역할 관점(gender role view)에서는 성이 직장-가정 갈등의 지각에 직접적으로 영향을 미칠 뿐 아니라, 직장 일과 가정 일에 사용하는 시간과 직장-가정 갈등 사이의 관계에서 조절변수의 역할을 한다고 본다. 전통적인 성역할은 남성과 여성에 대해 서로 다른 역할을 강조했다. 남성에 대해서는 직장관련 책임에, 여성에 대해서는 가정 관련 책임에 우선순위를 부여해 왔다. 따라서 성역할 관점에서는 직장역할 특성은, 남성과 더 강하게 관련되어 있고, 반면에 여성에게는 가정 관련 특성이 상대적으로 더 중요하다는 입장을 피력하고 있다.

이러한 입장을 바탕으로 성역할 관점에서는 자기 고유 성역할 영역에서의 추가 노동시간은 전통적으로 상대 성역할 영역으로 간주되는 영역에서의 추가 노동시간에 비해 방해의 느낌을 덜 준다고 설명한다. 따라서 자기 고유 성역할 영역이 아닌 영역에서의 추가 노동시간이 직장-가정 갈등에 더 강한 심리적 영향을 준다고 볼 수 있다. 즉 합리적 관점에서는 직장-가정 갈등을 단순히 시간의 함수로 파악한 것에 반해서 성역할 관점에서는 직장-가정 갈등을 시간과 성의 결합에 의해서 설명되는 것으로 파악한다. Gutek et al.(1991)은 이러한 합리적 관점과 성역할 관점의 시각이 직장-가정 갈등의 예측에 어떠한 차이가 있는지를 연구하였는데, 연구결과 두 가지 관점 모두 직장과 가정의 분리로 인한 갈등을 설명하였다.

(3) 가치기반 관점

앞에서 언급한 두 가지의 관점은 기본적으로 시간이라는 객관적 변수의 역할에 따른 갈등의 지각에 주안점을 두었다고 볼 수 있다. 가치기반 관점(value laden approach)은 주관적, 심리적 측면에 초점을 둔다. 우선 가치관의 정의를 살펴보면, Rokeach(1986)는 개인의 가치관을 어떤 구체적인 행동양식이나 존재양식이 그 반대의 행동양식이나 존재양식보다 개인적으로 혹은 사회적으로 더 바람직하다는 신념으로 정의했다(백기복, 1994). 또한 Rokeach(1986)는 개인의 가치체계는 개인의 가치관이 상대적 중요성에 따라서 우선 순위화되어 있는 것으로 사람들은 모두 일련의 가치관을 가지고 있으며 그것들이 하나의 가치체계를 형성한다고 하였다.

이상의 가치관 개념과 직장－가정 갈등의 관계는 다음과 같이 설명할 수 있다. 가장 간단한 형태로서 사람들은 직장역할과 가정역할에서 서로 다른 가치관을 표현해야 하는 경우에 직장－가정 갈등을 경험하게 된다. 구체적으로는 직장역할 관련기대와 가정역할 관련기대가 서로 상충하고 개인의 가치관과 조직가치관 사이의 적합성이 낮으면 개인이 낮은 적합성의 원인을 내부요인이 아니라 외부요인으로 기인하는 경우에 직장－가정 갈등이 발생하게 된다(Lobel, 1992).

(4) 역할이전 관점

직장-가정 갈등은 역할이전의 용이성에 의해서 그 지각정도가 달라질 수 있다. 역할이전 모형(role transition approach)은 Burr(1972)에 의해서 제안되었는데, 역할이전은 사회시스템에서 개인이 역할 속으로(intra-role), 그리고 역할 밖으로 (out of role) 이동하는 과정을 의미한다. 이것은 다른 역할에서의 변화가 없이 하나의 역할이 종료하는 것을 포함하며, 하나 이상의 역할의 종료와 다른 역할의 시작이 동시에 일어나는 경우도 포함한다(Burr, 1972).

Burr(1972)는 사회적 역할 이전의 용이성은 새로운 역할과 관련된 다양한 조건들과 관련되어 있다고 주장한다. 그는 이전과정은 개인이 실제 전이가 이루어지기 이전에 새로운 역할규범에 대해 학습하는 예상사회화(anticipatory)를 경험할 경우 용이하게 이루어질 수 있다고 하였다. 역할이전을 용이하게 하는 다른 요인들로는 역할명료성, 명확한 이전절차 등이 있으며, 또한 기존 역할에 비해서 새로운 역할에서 목표달성이 더 확실한 경우에도 이전과정이 더 쉽게 이루어질 수 있다. 한편 이전을 어렵게 하는 요인으로는 이전에 필요한 규범적 변화의 양, 역할긴장 등이 있다. 역할긴장은 새로운 역할 내의 역할갈등, 기존역할과의 양립불가능성 등이 높을 때에 증가하며, 새로운 역할이 기존의 역할과 상이한 물리적 장소, 혹은 사회적 상황에서 수행되는 경우에 감소한다. 마지막으로 이전 용이성과 목표획득 용이성의 관계는 개인이 새로운 역할에 사용하고자 기대하는 시간, 목표의 가치, 대체만족(substitute gratification)의 이용가능성 등에 의해 매개된다. 사람들은 매일 역할이전을 경험하고 있다고 볼 수 있다. 즉 직장에 출근할 때에는 가정역할에서 직장역할로 역할이전이 이루어지며, 퇴근해서 집에 돌아올 때에는 직장역할에서 가정역할로 역할이전이 이루어진다고 할 수 있다. 따라서 직장역할과 가정역할 사이에서 얼마나 용이하게 역할이전을 할 수 있는가에 의해서 개인의 직장-가정 갈등 경험이 달라질 것이라고 예상할 수 있다. 예를 들어 직장에서 가정으로 돌아온 기혼남성은 아내와 자녀와의 관계에서 배우자 또는 아버지로서 가정역할을 수행해야 하는데 직장 일로 인해 강한 심리적 압박을 받고 있는 경우 직장역할에서 가정역할로 용이하게 이전하지 못하게 되고 결과적으로 직장-가정 갈등을 경험하게 될 것이다.

3. 직장-가정 갈등의 구성요소

개인이 경험하는 직장-가정 갈등은 다양한 요소들이 시간, 긴장, 행동, 직장, 가정 등의 영향을 받는다고 할 수 있다. 이러한 측면을 바탕으로 Greenhaus & Beutell(1985)은 직장-가정 간 역할갈등에 대한 연구들을 종합하여 갈등의 요소들을 정리하였는데 이는 크게 시간에 근거한 갈등, 긴장에 근거한 갈등, 행동에 근거한 갈등으로 분류된다.

(1) 시간근거 갈등(time-based conflict)

시간은 모든 사람에게 동등하게 부여된 객관적인 자원이지만 한정되어 있고, 축적될 수 없으므로 동시에 많은 역할을 수행해야 하는 가장과 여성취업자들이 느끼는 대표적인 역할갈등의 형태라 할 수 있다. 직장-가정 갈등에 관한 많은 연구들은 다중 역할을 경험하는 직장인이 겪는 어려움 중에서 가장 많은 부분이 시간의 부족에서 기인한다고 주장한다.

시간근거 갈등이란 많은 역할로 시간의 총 요구가 너무 많아 적절히 처리할 수 없거나 한 역할에 투자되는 시간에는 동시에 다른 역할을 수행할 수 없어서 발생하는 시간부족과 시간제약에 대한 심리적인 느낌이나 반응을 포괄하는 개념이다(Staines & Pleck, 1983). Chung(1988)은 시간갈등에 관한 연구에서 다중역할의 수행에서 오는 역할과중이 시간제약과 시간부족을 야기하고 있으며 일과 가정역할 간의 양립 불가능한 시간요구로 인해 시간갈등이 일어난다고 하였다.

Voydanoff(1988)는 개인이 직장과 가족역할과 관련된 임무를 동시에 수행할 수 없으므로 한 역할에서의 시간사용은 다른 역할과 관련된 임무를 위해서는 사용될 수 없다고 하였다. 특히 Keith & Shafer (1984)의 연구에 의하면 맞벌이 가정의 경우 직장과 가족의무를 동시에 수행함에 따라 시간압박을 경험하고 이는 역할과중과 긴장을 초래한다고 보았으며, O'Driscoll et al.(1992)은 시간부족의 지각이 역할 간 갈등의 가장 중요한 원천 중 하나라고 보았다.

이와 같이 선행연구에 의하면 개인이 겪는 직장-가정 갈등은 제한된 시간 내에서 다중의 역할을 수행함에 따라 발생되는 시간 근거 갈등이라고 할 수 있을 것이다. 각 역할은 그 역할 수행에 필요한 시간을 요구하는데, 한 개인이 이용할 수 있는 시간이 한정되어 있기 때문에 여러 가지 역할은 그 개인의 시간을 차지하기 위해 서로 충돌하게 된다. 이러한 관점에서 직장-가정 갈등은 제한된 시간을 사용함에 있어 한 영역인 직장에서 사용하는 시간이 다른 영역인 가정에서 역할을 수행하는 시간을 상쇄함으로써 기대되는 다른 역할을 수행할 수 없다는 것으로부터 기인하는 갈등이라 할 수 있다.

(2) 긴장근거 갈등(strain-based conflict)

긴장근거 갈등은 한 역할에서 경험된 긴장과 피로가 다른 역할 수행에까지 지속되어 그 역할 수행을 방해하는 경우에 나타난다. 직장에서의 스트레스원은 불안, 피로, 우울, 무감각과 같은 긴장 증상을 야기하며(Brief, et al. 1981), 가정생활을 어렵게 만들 수 있다. 또한 가정에서의 갈등도 직장생활을 어렵게 하는 원인이 될 수 있다(Kopleman et al, 1983). 특히, 직장에서의 상호작용에 의한 피로를 경험하는 사람들은 가정에서 대인접촉을 회피할 수 있음을 관찰되었다.

Greenhaus & Beutell(1985)은 긴장갈등을 한 역할에서 생기는 피로가 다른 역할수행을 어렵게 하기 때문에 발생하는 갈등이라고 하였다. Voydanoff(1999)는 심리적인 전이를 역할갈등 형태 중의 하나로 다루었는데 부정적일 수도 긍정적일 수도 있는 이러한 전이는 다른 역할수행 에너지와 심리적 유용성에 영향을 줄 수 있다고 보았으므로(Voydonoff, 1999) 긴장갈등 차원에 포함된다.

이상에서 긴장근거 갈등은 시간근거 갈등과 구분되고는 있으나.

이 같은 구분은 지각된 갈등의 내용에 따른 것이며 실제로 시간 갈등이 크면 긴장이 유발된다고 볼 수 있다. 즉 긴장 근거 갈등의 유발이 주로 한 역할에서의 수행시간이 지나치게 길어짐에 따라 이로 인한 피로와 긴장이 다른 역할의 수행을 방해한다는 것이다. 기존 연구들에서 실제로 이 두 가지 갈등의 상관은 매우 높게 나타난다 (Greenhaus, et al. 1989).

(3) 행동근거 갈등(behavior-based conflict)

행동근거 갈등이란 한 역할에서 기대되는 행동이 다른 역할에서의 기대와 불일치하는 경우, 즉 직장에서는 이성적이거나 절제에 대한 행동이 요구되는 반면 가정에서는 개방적 행동이 기대될 때 경험할 수 있는 갈등이며 넓은 의미의 긴장근거 갈등에 포함될 수 있다. 행동근거 갈등은 일찍 퇴근해서 가족과 시간을 보내야 함에도 불구하고 잔업 등으로 인해 늦게 귀가하거나 조직의 가치관과 개인의 가치관이 일치하지 않을 때 발생한다고 할 수 있다. 그러나 1986년 이전 연구까지 행동근거의 갈등은 개념화되기는 했으나 이 유형의 갈등에 대한 경험적인 연구는 거의 없는 편이다(Greenhaus & Beutell, 1985). 다만 Bartolome(1972), Greiff & Munter, Steiner(1972) 등의 연구에서 남성의 경우 직장에서 요구되는 행동(논리, 힘, 권력, 몰개성)과 가정 영역 안에서 요구되는 행동들이 서로 양립하지 못하고 있다는 유사한 결과들을 보여주고 있다. 그 후 1986년부터 1996년까지 직장-가정 갈등에 관한 연구를 고찰한 Carlson, Kacmar & Williams(2002)에 따르면 Greenhaus & Beutell(1985)이 소개한 행동갈등을 척도에 포함하여 조사한 연구는 단 하나(Loerch, Russel & Rush, 1989)밖에 없었다. 따라서 본 연구에서도 시간과 긴장갈등 근거와 관련하여 직무특성 중 근무시간, 직무스트레스, 고용불안정성이 직장-가정 갈등에 미치는 영향을 조사하고자 한다.

제2절 직무특성과 직장-가정갈등

Ingen & Hollenbeck(1991)은 역할 간 갈등이 각 역할 영역 내의 요인들에서 비롯되며, 경험되는 갈등의 내용이나 갈등해소 전략이 갈등 요인에 따라 달라지기 때문에 갈등의 원천을 이해하는 것이 중요함을 강조하였다(Ingen & Hollenbeck, 1991). 따라서 직장-가정갈등도 그 원천에 따라 연구되어야 할 필요가 있다.

선행연구들은 직장-가정 갈등을 일으키는 요인들을 가정, 직장, 그리고 개인 간 차이의 측면에서 보아왔으며 여러 변인들과 직장-가정 갈등의 관계를 가설적으로 제시하거나 경험적으로 입증하였다. 특히 Byron(2005)는 직장-가정갈등의 선행변수에 대한 메타분석에서 직장-가정갈등의 선행변수로 직무와 관련한 변수로 직무몰입, 근무시간, 직무지원, 근무시간의 유동성, 직무스트레스를 비직무(가정)와 관련한 변수로 가족몰입, 가정에서의 시간, 가족지원, 가족 스트레스, 가족갈등, 자녀의 수, 유아의 수, 결혼여부, 맞벌이여부와 인구통계학적(개인 차)로 성별, 수입을 직장-가정갈등의 선행변수로 정리하여 연구를 수행하였다. 연구결과 직무와 관련된 변수는 직장-가정갈등과 상관관계가 높게 나타났으며 가정과 관련된 변수는 가정-직장갈등과 관계가 더 높은 것으로 나타났으며 인구통계학적 특성은 직장-가정갈등과 가정-직장갈등과 동일한 상관관계가 있는 것으로 나타났다(Byron, 2005). 이외에도 많은 연구들에서 직장-가정갈등의 선행변수에 대한 연구가 이루어졌는데 개인차와 관련된 직장-가정

갈등 선행연구들의 개인차원 변수로는 성격유형(Burke et al. 1980; Burke, 1988; Wayne et al., 2004), 긍정적 혹은 부정적 사고를 하는 경향(Fogarty et al., 1999), 스트레스 해결성향(Aryee et al., 1998; Wiersma, 1994), 그리고 역할의 중요도(Frone & Rice, 1987; Greenhaus et al., 1989; Loerch et al., 1989; Ayree, 1992)를 들 수 있다. 이는 여러 가지 역할요구에 대한 반응의 차이는 개인이 가진 성향이 다르기 때문이기도 하다. 두 번째로 가정적인 요인으로 선행 연구에서 직장-가정 갈등을 유발하는 선행 요인 중 가정과 관련된 것으로는 양육하는 자녀의 수, 배우자의 취업 여부, 부모와의 동거(Barnett & Baruch, 1985; Frone et al., 1992; Guteck et al., 1988)와 가족 구성원의 사회적 지지(Greenhaus & Beutell, 1985; Cohen & Roswnbaum, 1999; 강혜련, 최서연, 2000) 등이 있다. 개인은 한정된 시간을 사용함으로 가정적인 일에 보다 많은 시간을 할애토록 하는 가정환경은 개인에게 있어 보다 높은 수준의 직장-가정 갈등을 유발할 수 있다. 마지막으로 직장과 관련된 요인으로 직장과 관련된 요인들은 주로 조직차원의 변수들로서 선행연구들은 주로 직장이 구조적 특성과 심리적 측면에서 연구되어 왔다. 구조적 특성에는 근무 시간, 초과 근무, 출장 빈도 등(Hughes & Galinsky, 1994; Kelly & Voydanoff, 1985; Gutek et al., 1991)이 포함되며 이것들은 가정활동 참여시간이나 심리적 자원의 이용 가능성을 제한한다. 심리적 특성에는 직장관여(Higgins & Duxury, 1991; Frone et al., 1992; 이동열, 1995; 이정권, 1995; 홍선희, 1996; 윤창영, 2001; 김홍규 & 가영희, 2005), 업무 과중(Frone et al, 1992; Greenhaus & Parasuraman, 1994; 이은희, 2000), 직무통제성(Greenhaus & Beutell, 1985; 윤창영, 2001), 직무역할갈등

(Greenhaus & Beutell, 1985; 이은희, 2000), 상사의 특성(Goff et al., 1990; Thomas & Ganster, 1995), 상사나 동료의 사회적 지지(Ray & Miller, 1994) 및 가족 친화적 조직문화(Beauvais & Kowalski, 1993; Frone et al., 1997; Parasuraman et al., 1996; Thomas & Ganster, 1995; Thompson et al., 1999, Karen, 1999) 멘토(Nielson et al., 2001) 등을 포함하여 연구가 이루어졌다.

하지만 본 연구에서는 직무특성(근무시간, 직무스트레스, 고용불안정성)을 중심으로 이들이 직장-가정갈등에 어떠한 영향을 미치는지 분석하고자 한다. 이는 개인이 경험하는 직장-가정 갈등은 다양한 요소들이 시간, 긴장, 행동, 직장, 가정 등의 영향을 받고 있으며 이러한 측면을 바탕으로 Greenhaus & Beutell(1985)은 직장-가정 간 역할갈등에 대한 연구들을 종합하여 갈등의 요소들을 정리하였는데 이는 크게 시간에 근거한 갈등, 긴장에 근거한 갈등, 행동에 근거한 갈등으로 분류하였다. 따라서 본 연구에서는 많은 연구가 이루어지지 않았던 조직차원에서 직무와 관련된 요인들 중 시간에 근거한 갈등차원에서 근무시간을 긴장에 근거한 갈등차원으로 직무스트레스와 고용불안정성을 중심으로 연구를 수행하고자 한다.

1. 근무시간과 직장-가정갈등

직장-가정갈등과 직장 관련 요인들은 주로 조직차원의 변수로서 주로 구조적 특성과 심리적 특성으로 구분된다. 여기서 심리적 특성으로는 직장 내에서의 사회적 지원(Beauvais & Kovalski, 1993)과 가족친화적인 조직문화(Karen, 1999; 강혜련 & 임희정, 2000; 강혜련 & 최서연, 2000; Lo et al., 2003) 등의 연구가 다루어져 왔다. 이렇듯 직무와 관련된 구조적 특성에는 근무 시간, 초과 근무, 출장 빈도, 업무 과중 등이 포함되며 이것들은 가정활동 참여시간이나 심리적 자원의 이용 가능성을 제한한다. 따라서 직장-가정 갈등은 주당 근무시간, 주당 통근시간, 초과 근무시간의 양과 빈도, 교대근무의 존재 및 불규칙성 등과 정(+)의 관계를 가지고 있다. 근무시간은 가정생활에 참여하는 빈도와 시간을 결정하므로 근무시간이 길어지면 자신뿐 아니라 가족 구성원의 안녕감에도 부정적 영향을 주며 그 결과 직, 간접적으로 직장-가정 갈등이 증대된다.(Hughes & Galinsky, 1994; Voydanoff, 2002) 또한 이전의 연구에서 근무시간이 증가함에 따라 직장-가정갈등이 증가하는 것으로 나타났으며 (Fredriksen-Goldsen & Scharlach, 2001) 실제로 근무시간과 직장-가정갈등 간의 관계가 유의한 정(+)의 관계가 있는 것으로 나타났다.(Judge et al., 1994; Netemeyer et al., 1996; Frone, 2000; 임효창 등, 2005) 특히 어린자녀가 있는 기혼직장인들을 대상으로 한 Frye & Breaugh (2004)의 연구에서 주당 평균 근로시간이 길수록 직장-가정갈등이 높게 나타났다. 이러한 초과근무 및 야간근무는 시간부족의 지각과 관련이 있으며 초과근무는 직무긴장과도 관련이 있음이 연구결과 나타났다.(Kelly & Voydanoff, 1985) 한편, 직장-가정 갈등을 직장이 가정역할 방해와 가정의 직장역할 방해로 분리한 Gutek(1991)등의 연구는 직장 생활에서 사용하는 시간이 직장의 가정역할 방해와 높은 정(+)의 관계를 가지고 있다는 것을 보여주었다.

이렇듯 근무시간, 초과근무, 야간근무 등 직장에서 보내는 시간은 상대적으로 가정에서 보내는 시간을 직접적으로 줄어들게 한다. 기혼자의 경우 직장에서 보내는 시간이 많아질수록 가정에서 가족과 보내는 시간이 짧아지며, 미혼자의 경우 개인적인 일과 관심분야에 보낼 시간이 줄어들게 되는 일종의 상쇄(trade-off)적인 특성을 가진다. 특히, 직장 생활전반이나 업무적인 특성은 가정생활에 비해 개인 스스로 통제할 수 있는 가능성이 더 적기 때문에 가정생활이 직장생활에 맞추어지기 쉽기 때문에 직장에서 보내는 시간이 많을수록 가정 일에 쓸 수 있는 시간이나 심리적 자원을 제한하여 가정 활동을 의도적으로 제약한다. Staines(1980)는 이와 같은 직장 생활의 특성이 가정생활과의 양립적 관계유지를 어렵게 하는 주요 원천임을 강조하였다.

또한 근무시간을 길게 하는 주요한 원인 중의 하나로 업무과중을 들 수 있다. 업무과중은 역할의 기대나 역할 수행자의 능력을 넘어설 때 업무가 과중하다고 지각되는 것으로, 해야 할 업무가 너무 많고 그것을 할 시간이나 자원이 불충분할 때 경험되는 양적인 측면과, 강도 높은 작업수행이 요구될 때의 경험되는 긴장과 피로 등의 질적인 측면에서 일어난다. Kahn et al.(1964)은 여러 가지 요구를 받아 역할 과중이 일어나는 경우, 해야 할 일의 우선순위를 결정하는 문제가 생기는데, 여러 요구 중 일부를 거부할 수 없는 경우 심리적 부담을 느끼게 된다고 하였으며, 직장업무가 증가할 경우 가정생활이 직장업무에 맞추어지기 쉬워 업무의 과중은 직장-가정 갈등을 유발하는 원인이 된다고 하였다. 이러한 업무의 과중으로 인한 근로시간의 증가와 스트레스의 발생은 직장 - 가정 갈등뿐만 아니라, 역할 수행자의 신체적인 건강에도 부정적인 영향을 미친다. 특히 고 객접점에 있는 호텔종사원의 경우 고객행동에 부정적인 영향을 미치 는 것으로 나타났다.(Babin & Boles, 1998; Harris & Reynolds, 2003; Hsieh & Yen, 2005; Karatepe & Sokmen, 2006; Karatepe et al., 2003; Kilic & Okumus, 2005) 따라서 본 연구에서는 근무시간에 있 어 초과근무, 유동근무(휴일, 교대근무)가 많이 발생하는 호텔종사원 을 대상으로 연구를 수행하고자 한다.

2. 직무스트레스와 직장 - 가정갈등

스트레스에 관한 연구는 의학, 심리학, 조직행동론 등에서 광범위 하게 이루어지고 있지만 우리의 생활 속에서 자주 사용되고 있는 스 트레스에 대한 개념 정의가 명확하게 이루어지지 못하고 있다. 이는 스트레스란 개념 자체가 추상적이며 포괄적이며 또한 조직 내에서의 스트레스에 관한 연구의 역사가 일천하기 때문이다(권봉안, 2005). 그러나 학자들이 나름대로 주장한 스트레스에 대한 개념정의를 살펴 보면 다음과 같다.

먼저 Selye(1976)는 스트레스를 어떤 요구에 대한 일반적이고도 비특징적인 자연스런 반응이며 한 유기체, 즉 조직이나 한 개인에게 작용하는 외부적인 압력으로 정의하였으며 Edward(1973)은 스트레스를 개인이 지각한 상태와 바라는 상태 간의 불일치라고 하였다. 그리고 French et al.(1974)는 개인의 능력이나 그가 가진 자원과 환경의 요구가 일치하지 않으며 개인의 욕구와 이를 만족시켜 줄 수 있도록 해 줄 직무환경이 불일치할 때 스트레스에 빠지게 된다고 하였으며 Schuler(1984)는 환경의 요구 혹은 조직의 특질들이 한 개인에게 기회로 받아들여지느냐 혹은 요구나 제약으로 받아들여지느냐에 따라 그로 인한 스트레스가 긍정적으로 혹은 부정적으로 작용할 수 있으므로 스트레스는 같은 동태적 조건에서 발생한다고 보았다. 이러한 스트레스가 직무와 관련되어 나타나는 것을 직무스트레스라 할 수 있으며 Beehr & Newman(1978)은 직무관련 요구와 작업자 사이에서 이루어지는 상호작용 상황으로 인해 정상적 기능으로부터 개인이 이탈하도록 만드는 정신적, 신체적 조건으로서 스트레스가 부정적 가치뿐만 아니라 긍정적 가치도 가지고 있음을 지적하였으며 Harrison(1985)는 개인 환경의 부적합, 역할 부적합 혹은 개인적 특성과 작업환경의 잠재적 스트레스 원천사이의 상호작용의 결과로 정의하였다.

이렇듯 스트레스는 위협적인 환경특성에 대한 개인의 반응으로 환경의 요구가 지나쳐서 개인 능력의 한계를 벗어날 때 발생하는 개인과 환경의 불균형·부적합 상태를 가리키는 것이며 스트레스가 너무 지나치게 높거나 낮은 경우에는 부정적인 역할을 하지만 이와 달리 적정수준이면 조직의 업적달성에 매우 긍정적인 영향을 미친다고 한다. 하지만 일반적으로 직무스트레스는 개인에게 초조함, 불안, 무력감, 신경쇠약 등의 결과를 야기시켜 직무불만족, 작업동기감소, 이직률 증가를 가져온다. 기존의 선행연구(Greenhaus & Beutell, 1985;

박인규, 2004)에 의하면 직무스트레스와 직장-가정갈등은 정(+)의 관계가 있는 것으로 나타났다. Greenhaus & Beutell(1985)은 직장에서의 스트레스원은 불안, 피로, 우울, 무감각 등의 긴장을 야기 시켜 가정생활을 어렵게 하는 원인이 된다고 하였다. 즉 직장에서의 과도한 업무는 많은 역할로 시간의 총 요구가 너무 많아 적절히 처리할 수 없거나 한 역할에 투자하는 시간에는 동시에 다른 역할을 수행할 수 없어서 발생하는 시간부족과 시간제약에 대한 심리적인 느낌이나 반응을 포괄한 역할과부하는 직장-가정갈등의 원인이 될 수 있다고 하였다.

3. 고용불안정성과 직장-가정갈등

Greenhalgh & Rosenblatt(1984)는 고용불안정을 개인이 직업과 관련하여 느끼는 위협의 양이라는 관점에서 정의를 내리고 있다. 즉 위협적인 직장상황에서 소망스러운 지속성을 유지하는 데 대한 무력감으로 정의하였다.

또한 고용불안정의 반대개념인 고용안정에 대한 개념은 학자들마다 그리고 연구의 목적에 따라 그 의미가 달리 사용되고 있는데 일반적으로 크게 세 가지 범주로 구분하고 있다. 첫째 직장안정, 둘째 고용안정, 셋째 노동시장안정이다. 먼저 직장안정이란 근로자가 원하는 한 현재의 일을 계속할 수 있다는 느낌과 믿음으로써 현재 근무하는 직장에서의 고용보장을 의미하며 둘째 고용안정이란 근로자가 어느 직장에 근무하더라도 취업이 안정되어 있음을 의미하며 마지막으로 노동시장안정이란 근로자가 일시 실직하더라도 비경제활동 상태로의 이동 즉 노동시장에서의 퇴장이 쉽게 나타나지 않는 상태를 의미한다(전상길 & 백윤정, 1999).

잔류종업원의 고용불안감(perceived job insecurity)은 해고의 위협 뿐만 아니라, 직무재배치, 직위의 강등, 승진기회의 상실 등과 같은 다차원적인 위협에 의해 영향을 받을 수 있다(Ashford et al. 1989). 즉 Ashford et al.(1989)와 Greenhalgh & Rosenblatt(1984)는 개인의 고용불안감은 "위협적인 상황으로 인해 자신의 직무가 없어질 수 있는데도 불구하고 그 위협을 억제하지 못하기 때문에 느끼는 무력감"이라고 정의하였다. 따라서 개인의 고용불안감은 크게 직무상실 위협의 심각성과 그 위협을 억제하지 못함으로 인한 무력감 등의 두 가지 차원에 의해서 설명될 수 있다. 첫 번째 차원인 '직무상실 위협의 심각성'은 직무의 일부특성과 관련된 위협심각성과 전체직무와 관련된 위협심각성의 두 가지 유형으로 구분할 수 있다(Rosenblatt & Ruvio, 1996). 직무의 일부특성과 관련된 위협심각성은 해당직무특성이 얼마나 중요한가와 해당직무특성이 없어질 가능성은 얼마인가에 의해서 결정될 것이다. 왜냐하면, 종업원이 수행하는 직무의 여러 가지 특성 가운데서 상대적으로 중요한 특성이 상실될 경우 그 종업원의 고용불안감이 증가하기 때문이다. 같은 논리를 전체직무에 적용하면, 전체직무와 관련된 위협 심각성은 해당직무의 상실이 개인에게 얼마나 중요한가와 해당직무가 없어질 가능성이 얼마인가에 의해서 결정된다고 할 수 있다. 고용불안감의 두 번째 차원인 '무력감'은

"위협의 심각성에 대처할 수 없다고 지각하는 정도"를 의미한다. 종업원들은 동일한 정도의 위협을 지각하더라도 그 위협에 대처할 수 있다고 믿는 정도에 따라 서로 다른 수준의 고용불안감을 보일 것이다. 즉 위협에 대처할 수 있다고 믿는 종업원(무력감이 낮은 종업원)이 위협에 대처하기 어려울 것이라고 지각하는 종업원(무력감이 높은 종업원)에 비해 낮은 수준의 고용불안감을 느낄 것이다.

이상의 논의를 요약하면, 고용불안은 직무의 일부특성 중요도, 직무의 일부특성 상실가능성, 전체직무 상실의 중요도, 전체직무 상실가능성으로 구성된 '직무상실 위협의 심각성'과 이에 대응할 수 없다고 지각하는 정도인 '무력감'으로 설명할 수 있다(Kinnunen et al. 2000).

이러한 고용불안정성은 조직관리에 있어 중요한 역할을 하는데 실제적으로 고용불안이 심화될 수 있다는 점을 간과한 채 구조조정을 추진할 경우 구조조정으로 인해 조직유효성이 저하될 수 있다(Cascio, 1993; 권석균 & 이영면, 1999). 구조조정을 경험한 잔류종업원들이 조직에 대해 어떠한 태도를 갖느냐에 따라서 구조조정의 효과가 좌우될 수 있다. 만약 종업원들이 구조조정 후에 조직에 대해 냉소적이고 부정적인 태도를 갖게 되면, 구조조정으로 인해 조직성과가 떨어질 수 있다. 이와 같이 잔류종업원의 고용불안이 구조조정의 효과를 결정하는 데 있어서 중요한 역할을 하기 때문이다. 특히 호텔기업들도 2000년을 기점으로 지속적인 영업성장세가 꺾이고 호텔마다 인건비 관리에 중점을 두기 시작하면서 1인 다기능 업무수행이나 직무통합 등을 통한 인력감축, 해고, 정년퇴직 등으로 인한 고임금 정규직 종업원 자리에 저임금 비정규직종업원 및 용역으로의 대체와 핵심부문을 제외한 광범위한 아웃소싱의 증가와 같은 고용환경변화가 추진됨에 따라 종업원들의 고용불안 및 직무불안정 문제가 호텔기업의 가장 큰 현안으로 대두되고 있다(이형룡 & 허용덕, 2004).

　기업의 인가제도들과 직장－가정갈등 간의 관계를 검증한 연구는 그리 많지 않은 편이나 적어도 고용불안정의 반대개념인 고용안정은 직장－가정갈등에 관련한 주요 직무특성으로 구성원과 가족들에게 긍정적인 영향을 주는 것으로 알려져 있다(Raabe, 1990). 즉 기업이 높은 임금과 고용안정을 보장함으로써 구성원과 그 가족들은 기업에 대해 호의적으로 인식하여 직장－가정갈등이 감소하게 될 것이다. 실제적으로 중소도시와 맞벌이 부부들을 대상으로 한 연구(Larson et al., 1994; Voydanoff, 1990)에서 맞벌이 부부들은 고용안정을 중요한 요인으로 인식하였으며 기업의 구조조정하에서 고용불안정성을 높게 인식하였으며 이러한 고용불안정은 구성원들의 태도에 매우 부정적인 영향을 주는 것으로 나타났다. 또한 Batt & Valcour(2003)과 임효창 등(2005)의 연구에서도 조직구성원이 고용안정성을 높게 지각할수록 직장－가정갈등뿐만 아니라 이직의도가 낮아지는 것으로 나타났다. 따라서 고용불안정성이 증가하고 있는 현 시점에서 심리적 긴장을 유발하여 직장－가정 갈등을 높이는 고용불안정성에 대한 연구가 필요하다.

제3절 직장-가정갈등과 조직 및 경력몰입

직장-가정 갈등이 결과변수에 어떠한 영향을 미치는지 알아보고자 한 선행 연구들은 결과요인들을 크게 세 가지로 나누어 보고 있다. 첫째는 신체적 증상과 관련된 변수들이며 두 번째는 심리적인 주관적 변수들이며 마지막으로 태도적 변수들이다. 먼저 신체적 증상과 관련된 변수들로는 신체적 건강의 수치를 나타내는 혈압상승 등을 포함하는데 직장-가정 갈등이 신체적 건강상태를 악화시키는 데 직접적, 간접적 영향을 미친다는 결과를 여러 연구를 통해 규명되었다.(Frone et al., 1991; Netemeyer et al., 1996; Parasuraman et al., 1996) 특히 Thomas & Ganster(1995) 은 혈압상승이나 콜레스테롤을 높이는 데 직장-가정 갈등이 매개적 역할을 한다는 것을 실증 연구를 통해 제시하였으며 Grandey & Cropanzano(1999)도 직장-가정 갈등의 경험이 지각된 자신의 건강상태에 부정적인 관계가 있다는 연구결과를 제시하였다.

두 번째로 개인의 심리적인 주관적 변수들로 주로 직장생활의 만족, 생활만족도에 미치는 영향력에 관한 연구들과(Pleck et al., 1980; Staines & O'Connor, 1980; Voydanoff, 1982; Kopelman et al., 1983; Higgins & Duxbury, 1992; 오규정, 1992; 이동열, 1995; 구혜진, 2002) 우울이나 디스트레스에 관한 연구(Frone et al., 1992)가 이루어졌으며 이들 변수들은 직장-가정갈등의 결과로 나타난다고 하였다. 마지막으로 태도적 변수들로 조직몰입(Netemeyer et al., 1996;

Anderson‒Kulman & Paludi, 1986; Good et al., 1988; Gray, 1989; Kossek & Ozeki, 1999), 이직의도(Love et al., 1987; Netemeyer et al., 2004; Good et al., 1988; Burke, 1988; Gutek et al., 1991; Kossek & Ozeki, 1999; Boyar et al., 2003; Armour, 2002; Karatepe & Sokmen, 2006), 직무만족(Kossek & Ozeki, 1998; Allen et al., 2000; Bruck et al., 2002; Karatepe & Sokmen, 2006), 직무성과(Eby et al., 2005; O'Driscoll et al., 2004) 등이 연구되었으며 또한 결근(Kossek, 1990; Kossek & Nichol, 1992; Kossek & Ozeki, 1999)에 대한 연구가 수행되었다.

하지만 본 연구에서는 조직몰입과 경력몰입에 대한 연구를 수행하고자 한다. 이는 최근 급격한 경영환경 변화에 발 빠르게 대처하기 위해 기업은 경영효율화를 꾀하고 기업 내 재조직화와 다운사이징, 계층축소 등의 조직변화가 활발히 일어나고 있다(서균석 외, 2003). 따라서 조직구성원들은 과거와 같이 평생직장을 보장받기가 어려워졌다(Arthur & Rousseau, 1996). 이에 따라 구성원의 조직몰입은 떨어지고 반면에 자신이 선택한 직업에서 일하고자 하는 동기부여 정도로서 자신의 직종 또는 직업에 대한 일반적인 태도인 경력몰입이 상대적으로 높아짐에 따라 구성원 개인의 경력개발에 대한 기업조직의 관심은 새로운 차원으로 발전하고 있다(Hall & Moss, 1998). 즉 개인 스스로 자신의 경력경로에 책임을 갖고 승진에 필요한 업무능력과 전문성을 개발함으로써 평생직업이라는 개념에서의 경력개발 노력에 힘을 쓰고 있다(장은미, 1997). 그러나 여전히 우리나라 기업에서는 고용관계에 대한 명확한 성격규정이 불충분한 상황에서 조직구성원들이 실제로 자신이 속해 있는 조직에 대한 충성심과 몰입이 줄어든 반면 조직외부에서의 성공을 지향하여 자신이 종사하는 직업이나 경력에 대한 충성심과 몰입이 높아진다고 단언하기는 곤란하다. 오히려 외부노동시장에서 자신의 경력가치를 인정받기보다는 현재 속해있는 조직에 대한 충성심과 몰입을 강화함으로써 내부노동시장에서 자신이 목표로 하는 지위와 보상수준을 확보하려는 것이 합리적인 선택이 될 수 있다. 따라서 소속된 조직에 대한 몰입과 현재 종사하고 있는 경력에 대한 몰입이 동시에 혼재되어 나타날 가능성이 크다고 할 수 있다(고현철, 2004). 따라서 본 연구에서는 직장-가정갈등의 결과 조직과 경력몰입, 즉 이중몰입에 어떠한 영향을 미치는지 실증적으로 분석하고자 한다.

1. 직장-가정갈등과 조직몰입

조직몰입은 1960년대 이후 사회학, 산업심리학, 행동과학 등 여러 분야에서 폭넓게 연구되어 왔다. 더욱이 1980년대나 1990년대 기업들이 인력에 대한 구조조정을 하면서 구성원들이 느끼는 고용에 대한 불안감에서 오는 다양한 문제가 발생하면서 문제해결에 대한 관심이 증가하면서 조직몰입에 대한 연구는 더욱 확산되었다(마상진, 2003). 조직몰입은 조직성과의 중요한 지표 중에 하나로서(Becker, 1992; Hunt & Morgan, 1994; Shore & Wayne, 1993; Wallace, 1995) 경영학뿐만 아니라 사회학, 종교학, 정치학, 심리학, 교육학 등에서

널리 사용되는 개념이다. 그러나 대체로 행정이나 경영과 관련하여 조직행위이론을 연구하는 학자들에 의하여 비교적 체계적으로 접근되어져 오고 있다(김성국, 1992).

Anderson & Williams(1991) 등에 따르면 조직몰입은 한 조직에 대한 개인의 동일시와 몰입의 상대적 정도, 즉 "한 개인이 자기가 속한 조직에 대해 얼마나 일체감을 가지고 몰두하느냐" 하는 정도를 가리킨다고 정의할 수 있다. 한편 Mowday et al.(1982)는 태도 주의적 관점에서 조직몰입을 조직에 대한 적극적이고 긍정적인 성향으로 정의하고 개념적으로는 첫째, 조직의 목표와 가치관에 대한 강한 신뢰와 수용 둘째, 조직을 위해 열심히 노력하려는 의사 셋째, 조직구성원으로 남고자 하는 강한 욕구라고 정의하였다. Gupta & Taylor(1993)는 조직몰입을 구성하는 특성들로 노력에 대한 외재적 보상을 기대하는 계산적인 측면과 가치관이나 목표의 일치와 같은 도덕적 측면, 조직을 위해서 보다 많은 노력을 투입하고 다른 조직으로 옮기는 확률이 적은 행동적 측면으로 구분하였다. 이렇듯 조직몰입이 주목을 받는 중요한 이유는 조직몰입이 직무만족보다 이직을 예측하는 데 더욱 효과적이고(Koch & Steers, 1976; Poter, Steers, Mowday, & Boulian, 1973) 조직유효성의 유용한 예측 지표가 될 수 있기 때문이며 비교적 장기간에 걸쳐 안전성을 가지고 있어 조직구성원의 태도와 행동사이의 관계를 잘 나타내 주고 있기 때문이다. 또한 조직몰입은 제도화된(institutionalized) 특정조직으로 간주되기도 한다. 이러한 맥락에서 조직몰입은 결근, 이직, 성과 등과 같은 결과변수들에 유의한 영향을 미칠 뿐만 아니라 결과변수들을 예측하는 데 뛰어난 유용성을 보이고 있다.

직장-가정갈등과 조직몰입의 관계성에 대한 연구들의 일반적인 결과는 직장-가정갈등이 높을수록 조직몰입이 감소된다는 것이다. (Anderson-Kulman & Paludi, 1986; Good et al., 1988; Burke, 1988; Netemeyer et al., 1996; Thompson & Werner, 1997; Kossek & Ozeki, 1999; 강혜련 & 최서연, 2000; 이요행 등, 2005)

특히 Thompson & Werner(1997)의 연구에서는 조직몰입의 하위차원 중에서 정서적 몰입과 음(-)의 상관관계를 가지는 것으로 나타났으며 기혼여성을 대상으로 한 강혜련 & 최서연(2000)과 맞벌이 부부를 대상으로 한 이요행, 방묘진 & 오세진(2005)의 연구에서도 동일한 연구결과가 도출되었다. 이는 다중 역할 몰입이 개인에게 심리적인 갈등을 만들어 내고 그 결과 조직몰입을 감소시키는 것으로 볼 수 있다.

2. 직장-가정갈등과 경력몰입

경력몰입은 직무몰입 및 조직몰입과 구분 가능한 개념으로 볼 수 있다. 직무몰입은 자신에게 부여된 과업에 대한 몰입으로 상대적으로 단기적인 성격을 갖는 반면, 여러 관련 직무들을 포함하는 경력몰입은 보다 장기적이며 주관적으로 축적해 온 직업에 대한 인식과 관련이 크다. 또한 조직몰입은 제도화된 특정 조직에 대한 몰입으로 간주되지만 경력몰입은 개인이 설정한 내적인 목표와 관련된 것이다. 경력관리 결과변수 중에서 개념적으로나 실무적으로 매우 중요한 변수(김은상, 2000)인 경력몰입은 과거부터 지속적으로 관여해온 특정한 경력에 대해 정서적 유대를 가지고 있는 상태를 말한다. Blau (1985)가 정의한 경력몰입이란 자신이 선택한 직업에서 일하고자 하는 동기부여 정도로서 자신의 직종 또는 직업에 대한 일반적 태도라고 하였으며 이를 다양한 업무 분야로 확장시켰으며 경력개념화 및 척도화의 개념적 명확성으로 인해 가장 많이 활용되고 있다.(장은미 1997; 탁진국 1996; Lee et al. 2000)

경력개발관련연구에서 경력몰입은 개념적으로나 실제적으로 매우 중요하다. 이는 하나의 경력에 몰입한다는 것은 많은 사람들의 일생에 경력을 발전시키고 개발해 나가는 과정에서 매우 의미 있는 개념이 될 수 있으며 조직의 입장에서는 최적수준의 이직률을 유지할 필요가 있는데 이때 경력몰입과 인력유지간 연결성은 인적자원관리에 대한 중요한 시사점을 제공해 주기 때문이다(Colarelli & Bishop, 1990; Lee et al., 2000). 또한 조직입장에서 조직원의 역량을 최대한 발휘하게 하는 방안으로서 경력을 관리하고 개인입장에서는 자기 능력을 개발하고 전문성을 축적할 수 있는 방안으로 경력을 계획하기 때문이다. 따라서 경력몰입은 역량개발과 성과 모두에서 실제적인 중요성을 가진다. 실제로 높은 실적을 내는 사람을 보면 고도의 기술을 획득하기 위해 수년간의 훈련, 개발, 경험이 필요하다는 것을 알 수 있다. 이는 하나의 경력에 몰입함으로써 고도의 기술개발이 될 때 까지 지속적으로 능력을 개발하게 만드는 것이다(Aryee et al. 1994). 그리고 지식기반사회에서 직업적 생존을 하는 데도 경력몰입이 결정적인 역할을 하는데 이는 조직내외의 노동시장이 보다 유동적이 되고 구조조정이나 인력감축과 같은 고용안정을 덜 보장하는 불확실한 상황에서 자신이 내적으로 설정한 경력목표에 몰입을 해야지만이 직업의 의미와 계속성을 유지할 수 있기 때문이다(Carson & Bedeian, 1994). 따라서 경력몰입은 조직구성원의 태도를 측정하는 데 있어서 중요한 변수이다.

직장-가정갈등과 경력몰입의 관계는 여러 연구(Catalyst, 1992; Darden et al., 1989; Bielby & Bielby, 1988; Tenbrunsel et al., 1995; 강혜련 & 임희정, 2000)에서 음(-)의 방향으로 영향을 미치는 것으로 나타났다. Catalyst(1992)는 전통적으로 여성과 가족의 애착관계에 대한 고정관념 때문에 대기업의 중요 직무 중 3~5%만이 여성에 의해 이루어지는 등 가정과 관련된 문제가 여성들의 경력에 방해가 된다고 밝혔으며 Darden et al.(1989)는 경력초기의 판매직 종사원을 대상으로 한 실증연구에서 갈등이 클수록 경력몰입이 낮아진다는 결과를 제시하였다. 또한 Bielby & Bielby(1988)의 연구에 의하면 시간에 기초한 직장-가정갈등이 여성의 경력몰입을 방해하고 있음을 제시하였다. 즉 경력성공을 방해하는 가족의 요구로 인해 여성들은 경력에 방해를 받고 있다. Tenbrunsel et al.(1995) 역시 직장-가정갈등이 클수록 개인의 경력몰입과는 음(-)의 관계를 보이고 있다고 하였다.

제4절 조절효과

1. 성 별

직장-가정갈등과 관련해서 국내에서 이루어진 대부분의 연구는 전업주부나 취업여성을 대상으로 한 연구가 주를 이루었으며 남성을 포함한 일부의 연구(김홍규·가영희, 2005; 임효창 등, 2005)가 이루어지기도 하였으나 직장-가정 갈등을 유발하는 직무관련요인들에 대한 연구접근이 제한적이었다(Boyar et al. 2005). 따라서 본 연구에서는 성별에 따라 직무특성이 직장-가정갈등에 미치는 영향에 있어 어떠한 조절효과를 보이는지 실증적으로 분석하고자 한다.

먼저 변호사를 대상으로 한 근무시간에 대한 Wallace(1997)의 연구에 따르면 전문직에 대한 몰입이 높을 사람일수록 보다 많은 근무시간을 가진다는 사실과 자신의 일과 경력에 대한 몰입도가 낮은 사람일수록 과다한 근무시간에 대해 부정적인 태도를 더 많이 갖는다는 연구결과를 제시하였다. 기존의 선행연구(Duxbury & Higgins, 1991; Greenhaus et al., 1989; Vandenheuvel & Wooden, 1995)에 의하면 일에 대한 몰입과 직장-가정갈등 간의 관계는 남성보다 여성이 더 크게 나타난다고 하였으며 Parasuraman et al(1996)은 여성은 남성에 비해 가족에 더 많은 비중을 두고 남성은 일에 더 많은 비중을 둔다고 하였다. 또한 미국의 가구제조업체의 종사원을 대상으로 한 Boyar et al.(2005)의 연구에서 성별에 따라 직장-가정갈등이 결근, 조기 이직에 미치는 조절효과는 여성이 남성보다 더 높게 나타났다. 이는 여성이 남성에 비해 성 역할을 부여받고 있기 때문이라고 볼 수 있다. 또한 직무스트레스가 직장-가정갈등에 미치는 영향은 성별에 따라 달라질 수 있는데 이는 여성에 비해 남성이 육체적으로나 심리적 소진 측면에 있어 더 많은 스트레스를 받기 때문이다. 실제로 정민정·탁진국(2004)의 연구에 의하면 남성이 여성보다 더 많은 직무스트레스를 받는다고 하였다. 마지막으로 고용불안정성이 직장-가정갈등에 미치는 영향은 성별에 따라 달라질 수 있다. 이는 여성에 비해 남성이 주로 생계책임자로서의 역할을 수행하거나 생계책임자로서의 그 비중이 크기 때문일 것이다. 실제로 이원행(2001)의 연구에 의하면 미혼자에 비해 기혼자가 여성에 비해 남성이 고용불안정성을 높게 지각한다고 하였다. 이는 유교문화권인 한국의 경우 기혼여성에 비해 남성이 생계책임자로서의 역할이 더 많이 수행함으로 고용불안정성에 의한 직장-가정갈등을 보다 크게 경험할 수 있다.

2. 사회적 지원

직장-가정 갈등이 여러 결과변수에 영향을 미친다는 연구결과에도 불구하고 이를 조절하는 변수들에 대한 연구는 많지 않았다. 직장-가정에 대한 연구결과들은 일관적으로 가정을 가진 남성, 여성

모두가 직장-가정 갈등을 경험함을 나타내었다. 그러나 인사 관리적인 측면에서 이러한 갈등의 경험이 조직유효성이나 개인의 신체적, 정신적 건강에 부정적인 영향을 미치지 않도록 관리하는 것이 중요하다. 따라서 직장-가정 갈등이 결과변수에 미치는 영향을 조절하는 변수를 규명하는 것이 필요하다 할 수 있다. 본 연구에서는 이러한 조절변수로서 사회적 지원에 대한 영향력을 검증하고자 한다.

먼저 사회적 지원은 1970년대 중반 예방심리학이 대두되면서 사회적 지원은 스트레스와 적응 간의 관계를 조절하는 핵심적인 변수로서 주목받기 시작했다. 이러한 사실은 사회적 지원을 통해 조직생활에서 발생하는 스트레스를 완화시키고 개인수준의 결과변수들에 긍정적인 영향을 미침으로써 조직유효성을 제고시킬 수 있도록 조정하는 것이 가능하다는 의미를 함축하고 있다(최우성, 2005).

일반적으로 사회적 지원은 사회적 연결망, 사회적 결속, 의미 있는 사회적 접촉, 대응능력, 인상적 특성 등과 비슷한 개념으로 심리학자, 정신의학자, 사회학자, 조직연구자들에 의해 가장 보편적으로 사용되어 온 개념이 바로 사회적 지원으로 안정적인 대인관계를 통해서 얻거나 얻는다고 지각되는 것으로 스트레스 사건에 대응하는 것을 돕는 다양한 형태의 자원이라고 정의할 수 있다.

또한 사회적 지원이 누구에 의해 제공되는가에 따라 사회적 지원이 스트레스 관련 독립변수 및 결과변수에 미치는 영향이 서로 다르게 나타난다는 점에서 사회적 지원을 원천별로 구분하는 것은 중요한 의미를 지닌다.

Caplan et al.(1975)은 사회적 지원을 상사, 작업동료, 가족 및 친구로 차별화하였으며 Beehr(1985)는 직무관련 지원과 비직무 관련 지원으로 분류하였으며 직무관련 지원은 직장 내의 상사, 동료, 부하로부터 제공된 지원을 말하며 비직무관련 지원은 가족, 친구, 정신요법치료사, 카운슬러 등에 의해 제공된 지원이다.

본 연구에서는 직무관련 지원을 중심으로 상사, 동료, 조직의 지원에 대해 살펴보고자 한다. 먼저 Lim(1996)은 고용불안정과 직무불만족, 비순응적 직무행동, 예비적 직무탐색 간의 관계에 대한 연구에서 조직생활과 직접적으로 관련된 상사나 동료의 지원에 의해 형성된 공동체의식과 감정적인 유대가 조직 내에서 지지적이고 유의적인 직업분위기를 창출한다고 하였다. 또한 Geroge et al.(1993)의 연구에서는 사회적 지원을 통해 조직구성원들이 느끼는 소속감과 연대감이 개인의 마음상태에 긍정적인 영향을 미침으로써 스트레스와 긴장 간의 관계를 조절하는 역할을 한다고 주장하였다. 즉 상사와 동료에 의한 사회적 지원에 의해 형성된 소속감과 연대감은 조직구성원들이 그들의 직업상황을 더 잘 관리할 수 있고 덜 위협적인 것으로 재평가하도록 도움으로써 조직구성원들이 직무불만족 및 이직의도와 같은 심리적인 철회행동을 행할 가능성을 감소시킨다는 것이다. 바로 여기에 작업환경에서 상사 및 동료로부터의 지원이 직장-가정갈등 하에 있는 구성원들의 조직몰입과 경력몰입을 증가시키게 되는 이유가 있다. 결과적으로 직장-가정갈등하에서 직무관련 지원은 위협의 크기를 더 작게 평가하게 하고 그들의 직무 연속성을 위태롭게 만들 심리적인 철회행동을 행함으로써 작업현장에서 다른 사람들에게 어려움과 불편함을 야기하기보다는 전보다 더 효과적으로 그들의 직무를 수행하는 것과 같은 더 생산적이고 효율적으로 직장-가정갈등에 대처할 수 있는 종사원의 능력을 향상시킨다고 볼 수 있다. 또한 조직적 지원은 사회적 교환의 개념과 호혜성의 규범으로 많은 조직 연구가들에 의해 사용되어져 왔다. 일반적으로 종사원들의 긍정적이고 조직에 유익한 행동은 조직과 종사원 간의 높은 질의 교환관계가 구축됨으로써 유발되어진다(Eisenberger et al., 1986; Shore & Wayne, 1993). 즉 조직이 종사원을 배려하고 종사원에 대한 관심을 가지고 있다는 종사원의 지각은 조직이 종사원의 바람직한 태도와 행동에 대하여 보상과 인정 등의 방법으로 교환의 의무를 이행할 것이라는 구성원들의 신뢰를 강화할 수 있다(Wayne et al., 1997). 실제적으로 일부의 연구(Carlson & Perrewe, 1999; Etzion, 1984; Greenhaus et al., 1987; Thomas & Ganster, 1995)에서 사회적 지원은 직장－가정 갈등을 감소시키며 특히 직장과 가정 간의 균형이 이루어지도록 지원하는 관리자(O'Driscoll et al., 2003)나 조직분위기하의 종사원은 직장－가정 갈등을 덜 경험하게 하고(Thomas & Ganster, 1995) 직무만족을 증가(Sergeant & Frenkel, 2000)시키는 것으로 나타났다. 또한 Greenhaus et al.(1985)는 유의미한 타인으로부터의 사회적 지지는 직장역할과 가정역할을 조화시키는 중요한 역할을 담당한다고 하였다. 따라서 하루 중 가장 긴 시간을 같이 보내는 직장 동료와 상사의 지지는 일과 가정 사이에서 오는 상충에 중요한 역할을 미칠 수 있다. 결과적으로 사회적 지원은 직장－가정갈등이 조직 및 경력몰입에 영향을 미쳐 종사원의 직장역할 기대와 가정역할 기대 간 균형을 쉽게 이루도록 할 것이다.

제**3**장

연구 설계

제1절 연구모형의 설계 및 연구가설의 도출

1. 연구모형

전통적인 성역할변화, 가치관변화, 가족형태의 변화, 라이프스타일의 변화, 조직구성원의 태도 및 가치관의 변화 등의 사회 환경 변화에 따라서 가정생활 및 개인적 생활의 중요성이 부각되고 또한 직장생활과 가정생활 사이의 균형에 대한 관심이 높아지고 있다. 하지만 개인이 여가생활과 가정생활에 더 많은 비중을 두고 생활하려 하지만 직장에서의 너무 광범위하고 시간적인 측면에 있어서 역할과부하로 인해 직장과 가정 사이에 갈등이 발생되고 있다. 이러한 갈등은 근로자의 가정문제가 단순히 사생활에 머무르는 것이 아니라 궁극적으로 직장생활에도 영향을 미칠 수 있음을 의미한다. 이러한 맥락에서 기업은 기업구성원의 가정 관련 욕구들에 대해 관심을 가져야 하며 직장-가정 갈등의 원인과 부정적인 결과에 주목을 하여야 할 것이다. 실질적으로 직장과 가정생활이 서로 갈등적이고 이에 잘 대처하지 못할 때 직무수행저하, 결근율 증가 등 직장에서의 부정적인 영향뿐만 아니라 가정생활의 불안정성과 파탄을 초래할 수도 있으며 더 나아가 삶의 질이 저하될 가능성이 크다. 따라서 직장과 가정에서의 역할 요구들 간의 균형 잡기는 개인뿐만 아니라 조직에게도 중요한 도전이며 인적자원개발과 관련된 국가정책의 측면에서 그 중요성이 증대되고 있는 추세이다. 따라서 연구에서는 직무특성 중 시간과 긴장근거 갈등에 기초하여 근무시간, 직무스트레스, 고용불안정성이 직장-가정갈등에 어떠한 영향을 미치며 이러한 직장-가정갈등이 조직구성원의 태도인 조직과 경력몰입에 어떠한 영향을 미치는지 실증적으로 검증하기 위해 다음【그림 3-1】과 같은 연구모델을 설정하였으며 더불어 직무특성이 직장-가정갈등에 미치는 영향에 있어 성별에 따라 어떠한 차이가 있으며 직장-가정갈등이 조직과 경력몰입에 미치는 영향에 있어 사회적 지원이 어떠한 조절효과를 하는지 추가적으로 분석하고자 한다.

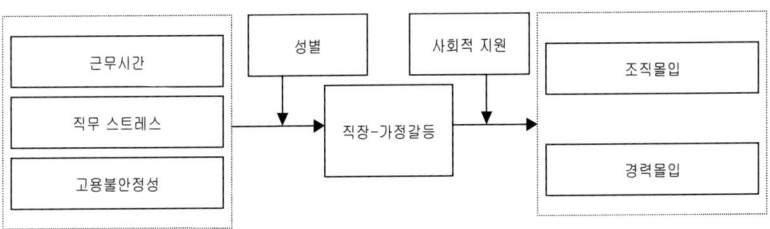

【그림 3-1】 연구모형

2. 연구가설의 도출

가설 1. 직무특성은 직장-가정 갈등에 정(+)의 방향으로 영향을 미칠 것이다.

직장－가정갈등의 원인은 시간에 의한 갈등, 긴장에 의한 갈등, 행동에 의한 갈등 등 3가지로 구분된다(Adama et al. 1996). 시간에 의한 갈등은 직장과 가정에서의 역할수행에 필요한 시간에 의해 유발되며 긴장에 의한 갈등은 직장에서 유발된 스트레스와 긴장이 가정에서의 역할수행에 방해될 때 발생되며 마지막으로 행동에 의한 갈등은 직장과 가정에서의 행동불일치에 의해 발생한다. 이렇듯 긴장근거 갈등은 시간근거 갈등과 구분하고 있으나 실제로는 시간갈등이 크면 긴장이 유발된다고 볼 수 있으며 이 두 갈등의 상관은 매우 높게 나타났다. 따라서 본 연구에서는 시간에 의한 갈등차원에서 근무시간, 긴장에 의한 갈등차원에서 직무스트레스와 고용불안정성을 중심으로 이들 요인들이 직장－가정갈등에 어떠한 영향을 미치는지 실증적으로 분석하고자 한다.

가설 1－1. 직무특성 중 근무시간은 직장－가정갈등에 정(＋)의 방향으로 영향을 미칠 것이다.

근무시간은 가정생활에 참여하는 빈도와 시간을 결정하므로 근무시간이 길어지면 자신뿐 아니라 가족구성원들에게도 부정적인 영향을 주며 그 결과 직, 간접적으로 직장－가정갈등이 증대된다(Hughes & Galinsky, 19984; Voydanoff, 2002). 기존의 선행연구(Fredriksen－Goldsen & Scharlach, 2001; Frone, 2000; Netemeyer, Boles & McMurrian, 1996; Judge, Boudreau & Bretz, 1994, Frye & Breaugh, 2004)에 의하면 근무시간과 직장－가정갈등 간의 관계가 유의한 정(＋)의 관계가 있는 것으로 나타났다. 특히 호텔기업은 경영의 특성상 365일 24시간 영업을 하기 때문에 교대, 야간, 휴일 및 초과근무를 하는 부분이 다른 산업체와 비교하여 상당히 많은 부분을 차지하고 있다. 이러한 교대, 야간, 휴일 및 초과근무 등은 직장에서 보내는 시간은 상대적으로 가정에서 보내는 시간을 직접적으로 줄어들게 한다. 기혼자의 경우 직장에서 보내는 시간이 많아질수록 가정에서 가족과 보내는 시간이 짧아지며 미혼자의 경우 개인적인 일과 관심 분야에 보낼 시간이 줄어들게 되는 일종의 상쇄효과가 나타난다. 특히 직장생활전반이나 업무특성은 가정생활에 비해 개인 스스로 통제할 수 있는 가능성이 더 적기 때문에 직장에서 쓸 수 있는 시간이나 심리적 자원을 제한하여 가정활동을 제한하게 된다. 따라서 근무시간(초과, 교대, 야간, 휴일)이 많을수록 직장-가정갈등이 높아질 것이라고 가정해 볼 수 있다.

가설 1-2. 직무특성 중 직무스트레스는 직장-가정갈등에 정(+)의 방향으로 영향을 미칠 것이다.

직무스트레스는 특정직무와 연관된 부정적 환경요인 또는 스트레스요인으로 본 연구에서는 직무스트레스를 직무스트레스 유발요인 가운데 하나인 역할과부하차원으로 정의하고 이러한 직무스트레스는 개인에게 초조함, 불안, 무력감, 신경쇠약 등의 결과를 야기 시켜 직무불만족, 작업동기감소, 이직률 증가를 가져온다(Gibson et al., 1982). 기존의 선행연구(Greenhaus & Beutell, 1985; 박인규, 2004)에 의하면 직무스트레스와 직장-가정갈등은 정(+)의 관계가 있는 것으로 나타났다. Greenhaus & Beutell(1985)은 직장에서의 스트레스원은 불안,

피로, 우울, 무감각 등의 긴장을 야기 시켜 가정생활을 어렵게 하는 원인이 된다고 하였다. 즉 직장에서의 과도한 업무는 많은 역할로 시간의 총 요구가 너무 많아 적절히 처리할 수 없거나 한 역할에 투자하는 시간에는 동시에 다른 역할을 수행할 수 없어서 발생하는 시간부족과 시간제약에 대한 심리적인 느낌이나 반응을 포괄한 역할 과부하는 직장-가정갈등의 원인이 될 수 있다고 하였다. 따라서 직무스트레스가 높을수록 직장-가정갈등이 높아진다고 가정해 볼 수 있다.

가설 1-3. 직무특성 중 고용불안정성은 직장-가정갈등에 정(+)의 방향으로 영향을 미칠 것이다.

고용불안정성은 고용안정의 반대의 개념으로 조직구성원이 위협적인 상황으로 인해 자신의 직무가 없어질 수 있는데도 불구하고 그 위협을 억제하지 못하기 때문에 느끼는 무력감(Ashford et al., 1989)으로 해고의 위협, 직무배치, 직위의 강등, 승진기회의 상실등과 같은 다차원적인 위협에 의해 영향을 받으며 이러한 고용불안정성은 구성원들의 태도에 매우 부정적인 영향을 주는 것으로 나타났다(Larson, Wilson & Beley, 1994; Voydanoff, 1990). 기존의 선행연구(Batt & Valcour, 2003; 임효창·이봉세·박경규, 2005)에 의하면 고용불안정성을 높게 지각할수록 직장-가정갈등이 높게 나타나는 것으로 나타났다. 특히 고용불안정성은 직무상태에 의해 영향을 받는데 정규직보다 비정규직에서 높게 나타나고 있다(Feather & Rauter, 2004; 최우성, 2005) 최근 호텔기업들은 경쟁력강화를 위한 조직변화차원의 변화, 정보기술의 발전에 의한 직무속성의 변화와 이에 따른 역할모호성의 증가, 노동력의 유연성을 위한 기업의 비정규직의 선호로 조직구성원들이 느끼는 고용불안정성이 증가되고 있다. 따라서 고용불안정성에 대해 높게 지각할수록 직장-가정갈등이 증가될 것이라고 가정해 볼 수 있다.

가설 2. 직장-가정갈등은 조직몰입에 부(-)의 방향으로 영향을 미칠 것이다.

조직몰입은 자신이 속한 조직에 대한 일체감과 몰입정도(Allen & Mayer, 1990)로 선행연구(Burke et al., 1988; Aryee, 1992; 강혜련·최서연, 2001)에 의하면 직장-가정갈등은 조직몰입에 부(-)의 영향을 미치는 것으로 나타났다. 특히 Reichers(1986)은 다중역할몰입이 개인에게 심리적인 역할갈등을 만들어 내고 그 결과 조직몰입을 감소시킨다고 주장하였다. 따라서 직장-가정갈등이 높을수록 조직몰입은 낮아진다고 가정해 볼 수 있다.

가설 3. 직장-가정갈등은 경력몰입에 부(-)의 방향으로 영향을 미칠 것이다.

경력몰입은 조직몰입과 구분 가능한 개념으로 볼 수 있다. 경력몰입은 개인의 장기간에 걸친 관련된 일들의 누적을 말하며 또 미래의 기대와도 관련이 있는 특정 직업이나 분야에 대한 개인의 태도를 설명하는 개념이다. 따라서 현재의 조직에 대한 애착심을 말하는 조직몰입과는 몰입의 대상이 다르다. 이는 Meyer & Allen(1993)의 간호사를 대상으로 한 연구에서 경력몰입의 각 하위차원들의 측정치들이 각각 구분되었으며 그와 함께 조직몰입의 하위차원들과도 구분되었다. 또한 Blau(1985)도 간호사를 대상으로 한 연구에서 경력몰입과 조직몰입이 직무변경의지에 미치는 영향을 분석하면서 두 가지 몰입이 서로 다르다고 하였다. 즉 직무변경의지와 관련해서 경험적으로 조직구성원의 태도에 미치는 영향이 경력몰입과 조직몰입이 각각 다르기 때문에 경력몰입과 조직몰입의 개념화가 차별적으로 이루어져야 함을 주장하였다. 국내 연구에 있어서도 고현철(2004)이 연구 개발직 종사원을 대상으로 한 연구에서도 경력몰입과 조직몰입은 차별적이라고 탐색적 요인분석을 통해 밝혀냈다. 직장-가정갈등과 경력몰입 간의 관계에 관련된 선행연구(Catalyst, 1992; Bielby & Bielby, 1988; Tenbrusel, Brett, Maoz, Stroh & Reilly, 1995; Darden, Hampton & Howell, 1989; 강혜련·임희정, 2000)에 의하면 직장-가정갈등은 경력몰입에 부(-)의 영향을 미치는 것으로 나타났다. 이는 직장과 가정에 관련된 이중역할의 압력이 직장생활을 방해한다고 볼 수 있다. 따라서 직장-가정갈등이 높을수록 경력몰입은 낮아진다고 가정해 볼 수 있다.

  가설 4. 직무특성이 직장-가정 갈등에 미치는 영향은 성별에 따라 다르게 나타날 것이다.

  직장-가정갈등과 관련해서 국내에서 이루어진 대부분의 연구는 전업주부나 취업여성을 대상으로 한 연구가 주를 이루었으며 남성을

포함한 일부의 연구(김홍규·가영희, 2005; 임효창 등, 2005)가 이루
어지기도 하였으나 직장-가정 갈등을 유발하는 직무관련요인들에
대한 연구접근이 제한적이었다. 따라서 본 연구에서는 성별에 따라
직무특성이 직장-가정갈등에 미치는 영향에 있어 어떠한 조절효과
를 보이는지 실증적으로 분석하고자 한다.

　　가설 4-1. 근무시간이 직장-가정 갈등에 미치는 영향은 성별에
　　　　　　　따라 다르게 나타날 것이다.

변호사를 대상으로 한 근무시간에 대한 Wallace(1997)의 연구에
따르면 전문직에 대한 몰입이 높을 사람일수록 보다 많은 근무시간
을 가진다는 사실과 자신의 일과 경력에 대한 몰입도가 낮은 사람일
수록 과다한 근무시간에 대해 부정적인 태도를 더 많이 갖는다는 연
구결과를 제시하였다. 기존의 선행연구(Duxbury & Higgins, 1991;
Greenhaus et al., 1989)에 의하면 일에 대한 몰입과 직장-가정갈등
간의 관계는 남성보다 여성이 더 크게 나타난다고 하였다. 이는 여
성이 남성에 비해 성역할을 부여받고 있기 때문이라고 볼 수 있다.
따라서 남성보다 여성의 집단에서 근무시간이 길수록 직장-가정갈
등이 더 클 것이라 가정해 볼 수 있다.

　　가설 4-2. 고용불안정성이 직장-가정 갈등에 미치는 영향은 성
　　　　　　　별에 따라 다르게 나타날 것이다.

고용불안정성이 직장-가정갈등에 미치는 영향은 성별에 따라 달

라질 수 있다. 이는 여성에 비해 남성이 주로 생계책임자로서의 역할을 수행하거나 생계책임자로서의 그 비중이 크기 때문일 것이다. 실제로 이원행(2001)의 연구에 의하면 미혼자에 비해 기혼자가 여성에 비해 남성이 고용불안정성을 높게 지각한다고 하였다. 이는 유교문화권인 한국의 경우 기혼여성에 비해 남성이 생계책임자로서의 역할이 더 많이 수행함으로 고용불안정성에 의한 직장-가정갈등을 보다 크게 경험할 수 있다. 따라서 여성보다 남성의 집단에서 고용불안정성이 직장-가정갈등에 미치는 영향이 더 클 것이라 가정해 볼 수 있다.

가설 4-3. 직무스트레스가 직장-가정 갈등에 미치는 영향은 성별에 따라 다르게 나타날 것이다.

직무스트레스가 직장-가정갈등에 미치는 영향은 성별에 따라 달라질 수 있다. 이는 여성에 비해 남성이 육체적으로나 심리적 소진 측면에 있어 더 많은 스트레스를 받기 때문이다. 실제로 정민정·탁진국(2004)의 연구에 의하면 남성이 여성보다 더 많은 직무스트레스를 받는다고 하였다. 따라서 여성보다 남성의 집단에서 직무스트레스가 직장-가정갈등에 미치는 영향이 더 클 것이라 가정해 볼 수 있다.

가설 5. 직장-가정 갈등이 조직몰입과 경력몰입에 미치는 영향은 사회적 지원에 따라 다르게 나타날 것이다.

사회적 지원 특성을 본 연구에서는 상사의 지원, 동료의 지원, 그리고 조직의 지원으로 나누고 이들이 직장-가정갈등과 조직 및 경력몰입에 미치는 조절효과를 분석하고자 한다. 먼저 Lim(1996)은 조직생활과 직접적으로 관련된 상사나 동료의 지원에 의해 형성된 공동체의식과 감정적인 유대가 조직 내에서 지지적이고 유의적인 직업 분위기를 창출한다고 하였다. 특히 일부의 선행연구(Anderson et al., 2002; O'Driscoll et al., 2003; Frye & Breaugh, 2004; Karatepe & Kilic, 2006)에서 상사의 지원은 직장-가정갈등 및 가정-직장갈등을 감소시키는 것으로 나타났다. 또한 Geroge et al.(1993)의 연구에서는 사회적 지원을 통해 조직구성원들이 느끼는 소속감과 연대감이 개인의 마음상태에 긍정적인 영향을 미침으로써 스트레스와 긴장 간의 관계를 조절하는 역할을 한다고 주장하였다. 즉 상사와 동료에 의한 사회적 지원에 의해 형성된 소속감과 연대감은 조직구성원들이 그들의 직업상황을 더 잘 관리할 수 있고 덜 위협적인 것으로 재평가하도록 도움으로써 조직구성원들이 직무불만족 및 이직의도와 같은 심리적인 철회행동을 행할 가능성을 감소시킨다는 것이다. 바로여기에 작업환경에서 상사 및 동료로부터의 지원이 직장-가정갈등하에 있는 구성원들의 조직몰입과 경력몰입을 증가시키게 되는 이유가 있다. 결과적으로 직장-가정갈등하에서 직무관련 지원은 위협의 크기를 더 작게 평가하게 하고 그들의 직무 연속성을 위태롭게 만들 심리적인 철회행동을 행함으로써 작업현장에서 다른 사람들에게 어려움과 불편함을 야기하기보다는 전보다 더 효과적으로 그들의 직무를 수행하는 것과 같은 더 생산적이고 효율적으로 직장-가정갈등에 대처할 수 있는 종사원의 능력을 향상시킨다고 볼 수 있다. 또한 조직적 지원은 사회적 교환의 개념과 호혜성의 규범으로 많은 조직 연구가들에 의해 사용되어져 왔다(Settoon et al., 1996). 일반적으로 종사원들의 긍정적이고 조직에 유익한 행동은 조직과 종사원 간의 높은 질의 교환관계가 구축됨으로써 유발되어진다(Eisenberger et al., 1986; Shore & Wayne, 1993). 즉 조직이 종사원을 배려하고 종사원에 대한 관심을 가지고 있다는 종사원의 지각은 조직이 종사원의 바람직한 태도와 행동에 대하여 보상과 인정 등의 방법으로 교환의 의무를 이행할 것이라는 구성원들의 신뢰를 강화할 수 있다(Wayne et al., 1997). 따라서 사회적 지원에 대해 높게 지각할수록 직장-가정갈등이 경력몰입 및 조직몰입에 미치는 부정적 영향은 완화되어 나타날 것이라는 것을 가정해 볼 수 있다.

제2절 설문지의 구성

본 연구에서의 설문지는 다음【표 3-1】과 같이 전체 Part Ⅰ~Ⅷ 까지 총 8부문으로 구성하였으며, 각 부문별 측정변수 및 출처를 보면 다음과 같다.

【표 3-1】설문지의 구성

연구개념	측정 변수	측정 문항	출처	척도	문항수
Ⅰ. 근무시간		Ⅰ: 1-3			3
Ⅲ. 직무스트레스		Ⅱ: 1-6	Ivancevich & Matteson(1980)		6
Ⅲ. 고용불안정성		Ⅲ: 1-5	Brockner et al.(1992) 박상언 & 이영면(2004)		5
Ⅳ. 직장-가정갈등		Ⅳ: 1-6	Gutek et al.(1991), Greenhaus(1989), Higgins & Duxbury(1992)		6
Ⅴ. 조직몰입		Ⅴ: 1-5	Meyer & Allen(1997)	리커트 5점 척도	5
Ⅵ. 경력몰입		Ⅵ: 1-6	Blau(1985, 1988, 1989), Blau, Paul & St. John(1993) Carson & Bedeian(1994), 이기은(2000)		6
Ⅶ. 사회적 지원	상사의 지원	Ⅶ: 1-4	Kim(1996) Peccei & Rosenthal(1997)고현철(2004)		4
	동료의 지원	Ⅶ: 5-7	Yoon & Lim(1999)		3
	조직의 지원	Ⅶ: 8-13	Eisenberger, Huntington, Tutchinson & Sowa(1986)이기은(2000)		6
Ⅷ. 일반적 사항		Ⅷ: 1-6		명목 척도	6

제3절 실증조사의 설계

1. 조사표본의 설계

사회과학에서 연구는 관심의 대상이 되는 모집단의 사회적, 심리적 속성을 수량적으로 기술할 수 있는 상대적 빈도나 크기 및 분포, 변수들 간의 관계를 규명하는 것은 물론 정확성, 기술적 타당성, 표본의 대표성 등을 고려하여 표본추출방법을 적용하는 것이 타당하다. 따라서 본 연구에서 표본추출은 서울지역에 소재하는 특1급과 특2급 호텔에 근무하는 직원을 대상으로 하여 몇몇 호텔, 특정한 부서에 편중되지 않도록 할당표본추출 방법을 통해 이루어졌다. 이는 시간 및 공간성의 제약과 우리나라 호텔산업에 있어 대표성, 규모, 주5일제(종사원 300인 이상)를 시행하고 있기 때문이다. 또한 지역적 안배를 고려해 강남과 강북의 대표적인 호텔들을 중심으로 하였다. 본 연구에 있어서 모집단의 규정 및 조사 표본은 다음 【표 3-2】와 같다.

본 연구의 조사기간은 2006년 08월 1일부터 2006년 08월 15일까지 실시하였다. 총 450부의 설문지를 배포하여 399부를 회수하였고, 그중에서 응답을 하지 않은 부분(결측 값)이 있는 설문지와 응답의 신뢰성이 현저히 떨어진다고 보여 지는 설문지 16부를 제외한 나머지 383부를 최종 유효 표본으로 하여 실증분석을 실시하였다.

【표 3-2】 모집단의 규정 및 조사표본

연구대상	국내 특1급과 특2급 호텔에 근무하는 직원(비정규직 직원 포함)
표본단위	서울지역 특1급과 특2급 호텔에 근무하는 직원 (비정규직 직원 포함)
조사범위	서울지역 특1급과 특2급 호텔
조사기간	2006년 08월 1일~2006년 08월 15일
설문조사	-총 배포된 설문지 수: 450부 -회수된 설문지 수: 399부 -폐기된 설문지 수: 16부 -분석된 설문지 수(최종 유효표본): 383부

회수된 최종 유효표본의 호텔별 특성을 살펴보면 다음과 같다. 먼저 서울지역을 강남과 강북으로 나누고 각 등급별로 15개(총30개)의 호텔을 지정하였으며 각 호텔별로 15매의 설문지를 배포하였다.

【표 3-3】 호텔별 표본 특성

등급	특 1 급(15개 호텔)	특 2 급(15개 호텔)
지역	강남: 9개 강북: 6개	강남: 8개 강북: 7개
설문지 배포수	255매	195매
회수	236매	163매
제외	10매	6매
최종유효 표본	226매	157매

2. 변수의 조작적 정의

본 연구에서 사용되는 주요 용어들은 다양한 의미를 가지고 있고 연구자마다 다르게 정의하고 있으므로 조작적 정의는 연구의 가능성과 측정상의 오류에 결정적인 역할을 한다는 점에서 변수의 정의와 이를 측정하는 척도가 필요하다.

본 연구에서는 크게 6가지 변수를 사용하고 있는데 먼저 독립변수로 근무시간, 직무스트레스, 고용불안정성을 그리고 종속변수로서 조직몰입과 경력몰입을 사용하였으며 마지막으로 조절변수로서 성별과 사회적 지원을 사용하였다.

모든 변수들은 리커트 5점 척도로 사용하였으며 "1＝전혀 그렇지 않다. －5＝매우 그렇다."와 같이 측정하였다.

1) 근무시간

근무시간을 본 연구에서는 주당 초과근무시간, 야간근무, 휴일근무로 나누어 측정하고자 한다. 여기서 주당 초과근무시간은 주40시간(주 5일제)을 초과하는 근무시간을 주당 초과근무시간으로 하였으며 야간근무는 오후 10시를 넘어서 근무하는 시간으로 하였으며 휴일근무는 공휴일 및 주말에 근무하는 시간을 휴일근무로 정의하고 총 3개의 항목을 5점 척도를 이용하여 측정하였다.

2) 직무스트레스

직무스트레스란 특정직무와 연관된 부정적 환경요인 또는 스트레스요인으로 본 연구에서는 직무스트레스를 직무스트레스 중 하나인 역할과부하차원에서 측정하고자 한다. 여기서 역할 과부하란 한 역할의 수행에 따른 기대의 수가 개인의 능력을 초과하거나 맡은 역할을 급하게 또는 부주의하게 수행하도록 강요당하는 상황을 말하며 업무부담과 할당된 시간의 비율로 산정되는 양적 역할 과부하와 주어진 과업의 용이함을 의미하는 질적 과부하로 나눌 수 있다. 본 연구에서는 직무스트레스를 역할과부하로 측정하여 양적 역할 과부하와 질적 역할 과부하를 역할요구가 그 자체로는 모순적이지 않지만 매우 광범위하고 시간 소모적이어서 개인이 모든 역할기대에 대처할 수 없는 경우 발생하는 갈등으로 정의하고 Ivancevich & Matteson(1980)이 개발하고 연구에서 사용한 6개의 항목을 5점 척도로 이용하여 측정하였다.

3) 고용불안정성

고용불안정성을 측정하는 설문항목은 이미 많은 연구에서 개발되고 활용되고 있다. Ashfold et al.(1989)의 연구에서처럼 고용불안정성을 복합적인 구성을 갖는 개념으로 보고 그에 따른 측정을 시도한 연구도 있지만 많은 경우 이를 단일 구성개념으로 간주하고 전반적인 측면의 고용불안을 측정해 왔다. 더욱이 국내 호텔기업들의 경우

인적자원관리가 직무분석에 기초하여 직무별 고용관리가 시행되기보다는 조직전체 차원의 일괄적인 고용관리가 이루어지는 경우가 많기 때문에 고용불안정성을 측정할 때에도 이를 단일 구성개념으로 보고 전반적인 차원의 고용불안정성을 측정하는 것이 타당성이 있다고 판단되었다. 따라서 본 연구에서는 Brockner et al.(1992)의 연구에서 사용된 설문문항들을 참고하고 보완한 박상언 & 이영면(2004)의 연구에서 사용된 5개 항목을 5점 척도를 이용하여 측정하였다.

4) 직장-가정 갈등

직장-가정 갈등은 직장과 가정 두 생활영역에서의 역할압력이 여러 가지 이유로 상호양립할 수 없는 경우에 발생하는 역할 간 갈등의 한 형태이다. 즉 직장역할에 참여함으로써 가정역할을 수행하는 것이 어려운 경우와 반대로 가정역할에 참여함으로 직장역할수행이 어려운 경우 발생하는 갈등이다. 본 연구에서는 직장-가정 갈등을 직장과 가정에서 일어나는 역할 요구를 상호양립시키기 어려울 때 일어나는 역할 간 갈등으로 정의하고 Gutek et al.(1991), Greenhaus (1989), Higgins & Duxbury(1992)가 개발하고 연구에 사용한 6개의 항목을 5점 척도를 이용하여 측정하였다.

5) 조직몰입

조직몰입은 자기가 속한 조직에 대해 몰입, 일체감, 애착심을 나타내 주는 것으로 조직이 추구하는 목표나 가치에 대한 강한 신뢰와 수용, 조직을 위해 애쓰려는 의사, 조직의 구성원으로서 남아있으려는 강한 의지"로 정의할 수 있다. 본 연구에서는 조직몰입을 측정하는 데 있어 Meyer & Allen(1991)의 3원 분류 중에서 정감적 몰입을 중심으로 측정하고자 한다. 이는 선행연구(Ko et al.1997; 강종천, 2004)에서 정감적 몰입이 많은 연구에서 관심을 끌어왔고 조직몰입의 선행변수나 결과변수에 대해서도 타 몰입에 비해 비교적 견고하게 파악되었기 때문에 본 연구에서도 이를 통해 조직몰입을 측정하고자 한다. 더불어 정감적 몰입은 조직구성원의 조직에 대한 감정적 밀착, 동일시, 관여로 정의할 수 있다. 변수의 측정을 위해 Meyer & Allen의 5개 항목을 5점 척도를 이용하여 측정하였다.

6) 경력몰입

경력몰입이란 자신이 현재 가지고 있는 직업과 관련된 분야에 대한 개인의 주관적이고 감정적인 애착이라고 할 수 있다. 이는 개인의 직종이나 조직의 계층에 관계없이 직업을 가진 모든 개인이라면 가질 수 있는 태도로 이해할 수 있다. 본 연구에서는 Blau(1985, 1988, 1989), Blau, Paul & St. John(1993) 그리고 Carson & Bedeian (1994) 등의 연구에서 개발된 경력몰입 측정도구를 이용하여 경력몰입을 측정하고자 한다. 이는 기존의 연구에서도 많이 사용되어왔고(Aryee & Tan 1992, Aryee et al 1994, Bedian et al. 1991, Cheriniss 1991, 장은미 1997) 이 항목들이 경력몰입을 측정하는 데 있어서 타당하며 명확한 척도인 것으로 지적되기 때문이다.

Blau(1989)은 8개의 항목을 개발하여 경력몰입을 측정하였는데 이를 이기은(2000)의 연구에서 6개 항목을 이용하여 재 측정하였다. 본 연구에서는 이기은(2000)의 연구에서 이용된 6개의 항목을 가지고 5점 척도를 이용하여 측정하였다.

7) 사회적 지원

(1) 상사의 지원

상사의 지원은 구성원들 각각의 업무수행과 능력발휘의 과정에서 자신의 상사가 업무수행에 대하여 얼마나 많은 관심이 있으며 필요한 경우 도움을 줄 것으로 생각하고 있는지에 대한 지각의 정도라 할 수 있다. 즉 조직 지원이 종사원에 대한 헌신 정도에 대한 종사원 개개인의 지각 즉 조직차원으로 인지되는 지원의 정도를 의미한다면 상사의 지원은 상사가 자신에게 보여주는 헌신, 관심 정도에 대한 종사원 개개인의 지각 즉 상사와의 관계에서 인지되는 지각을 의미한다. 본 연구에서는 Kim(1996)의 연구에서 적용한 4항목 척도 중 3항목을 Peccei & Rosenthal(1997)의 연구에서 1개 항목을 채택하여 4개 항목으로 측정한 고현철(2004)의 연구에서 사용한 4개 항목을 가지고 5점 척도를 이용하여 측정하였다.

(2) 동료의 지원

동료의 지원은 같은 조직 내에서 유사한 직위에 있는 동료들이 업무수행상에 도움을 준다고 인식되는 정도로 정의할 수 있다. 본 연구에서는 House(1981)의 척도를 수정한 Yoon & Lim(1999)의 3개의 항목 중에서 동료의 업무도움 및 지지를 바탕으로 3개 항목을 가지고 5점 척도를 이용하여 측정하였다.

(3) 조직의 지원

조직의 지원은 조직 구성원의 공헌을 얼마나 존중해 주고 조직이 자신에 대하여 얼마나 몰입하고 있으며 필요한 경우 도움을 줄 것으로 생각하고 있는지에 대한 지각의 정도로 정의할 수 있다. 조직의 지원은 Eisenberger, Huntington, Tutchinson & Sowa(1986)의 연구에서 36개 문항이 개발되었으며 이 가운데 요인 적재치가 높은 16개 항목을 다시 제시하였으며 Eisenberger, Commings, Armell & Lynch (1997)의 연구에서는 조직의 지원 측정항목을 8개로 압축하여 이용하였다. 본 연구는 Eisenberger, Huntington, Tutchinson & Sowa(1986)의 16개의 문항에서 요인적재치가 높았던 항목과 우리나라의 실정에 적합하지 않은 문항과 설문내용이 거의 흡사한 문항들을 제외한 이기은(2000)이 측정한 6개의 항목을 가지고 5점 척도를 이용하여 측정하였다.

3. 분석방법 및 절차

본 연구에서 설정된 연구가설들의 관계를 검증하기 위하여 SPSS Ver. 12.0 통계패키지를 이용하여 다음 【표 3-4】에서와 같이 빈도분석, 신뢰도분석, 요인분석, 상관관계분석, t-test 그리고 단순, 다중, 조절회귀분석을 실시하였다.

【표 3-4】 분석방법 및 절차

연구 가설	내 용	분석방법
	표본의 일반적 사항에 대한 특성	빈도분석
	근무시간, 직무스트레스, 고용불안정성, 직장-가정갈등, 조직몰입, 경력몰입 연구 단위들 간에 대한 신뢰성 및 단일 차원성 검증	신뢰도분석 요인분석
	근무시간, 직무스트레스, 고용불안정성, 직장-가정갈등, 조직몰입, 경력몰입 연구 단위들 간에 대한판별타당성 검증	상관관계분석
H 1	직무특성과 직장-가정갈등에 대한 관계	다중회귀분석
H 2-3	직장-가정갈등과 조직 및 경력몰입의 관계	단순회귀분석
H 4	직무특성과 직장-가정 갈등에 있어 성별의 조절	t-test 조절회귀분석
H 5	직장-가정갈등과 조직 및 경력몰입에 있어 사회적 지원의 조절	조절회귀분석

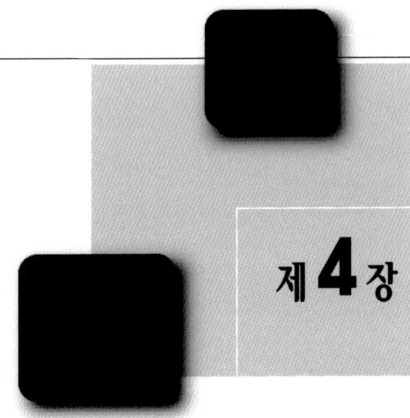

제 **4** 장

결과분석

제1절 표본의 일반적 특성

표본의 일반적 특성을 분석하기 위하여 인구통계학적 특성인 성별, 연령, 학력, 결혼여부, 호텔관련 특성인 근무부서, 고용형태, 그리고 직급 및 근속기간에 대하여 빈도분석을 실시하였으며, 그 결과는 다음【표 4-1】과 같다. 분석결과에 의하면, 성별은 표본의 전체 응답자 383명 중 남성이 239명(62.4%), 여성이 144명(37.6%)으로 나타났다. 연령에 있어서는 20대가 143명(37.3%), 30대가 159명(41.5%), 40대가 65명(17.0%), 50대가 16명(4.2%)으로 각각 나타났다.

다음으로, 학력에 있어서는 고졸이 27명(7.0%) 전문대(재)졸이 167명(43.6%), 대(재)졸이 167명(43.6%), 대학원(재)졸이 22명(5.7%)으로 각각 나타났다. 또한, 근무부서에 있어서는 객실이 92명(24.0%), 식음료가 131명(34.2%), 조리가 51명(13.3%), 관리가 109명(28.5%)으로 나타났다. 결혼여부에 있어서는 기혼이 192명(50.1%), 미혼이 191명(49.9%)로 나타났으며 고용형태에 있어서는 정규직이 292명(76.2%), 계약직을 포함한 비정규직이 91명(23.8%)으로 각각 분포하고 있으며, 직급에 있어서는 사원이 231명(60.3%), 주임이 80명(20.9%), 계장이 22명(5.7%), 과장(대리)이 42명(11.0%), 차장급 이상이 8명(2.1%)으로 각각 나타났다. 그리고 근속기간은 1년 미만이 59명(15.4%), 1~3년이 79명(20.6%), 4~7년이 96명(25.1%), 8~11년이 69명(18.0%), 12년 이상이 80명(20.9%)로 나타났다.

【표 4-1】 표본의 일반적 특성

변수	항목	빈도(명)	비율(%)
성별	남성	239	62.4
	여성	144	37.6
연령	20대	143	37.3
	30대	159	41.5
	40대	65	17.0
	50대	16	4.2
학력	고졸	27	7.0
	전문대(재)졸	167	43.6
	대(재)졸	167	43.6
	대학원(재)졸	22	5.7
근무부서	객실	92	24.0
	식음료	131	34.2
	조리	51	13.3
	관리	109	28.5
결혼여부	기혼	192	50.1
	미혼	191	49.9
고용형태	정규직	292	76.2
	비정규직(계약직 포함)	91	23.8
직급	사원	231	60.3
	주임	80	20.9
	계장	22	5.7
	과장(대리)	42	11.0
	차장급 이상	8	2.1
근속기간	1년 미만	59	15.4
	1-3년	79	20.6
	4-7년	96	25.1
	8-11년	69	18.0
	12년 이상	80	20.9

제2절 신뢰성과 타당성의 검증

1. 신뢰성의 검증

신뢰성(Reliability)이란 동일한 개념에 대해서 반복적으로 측정하였을 때 나타나는 측정값들의 분산을 의미하는 것으로, 안정성(Stability), 일관성(Consistency), 예측가능성(Predictability), 정확성(Accuracy), 의존가능성(Dependability) 등으로 표현될 수 있는 비체계적 오차와 관련된 개념이다.

이러한 신뢰성의 의의는 어떤 조사결과에 대해서 조사결과가 부정확한 측정자료에서 우연히 발견된 것이 아니라는 것에 대해 확신성을 줄 수 있다는 것인데, 이러한 신뢰성을 측정하는 방법에는 재검증법(Test-Retest Method), 반분법(Plit-Half Method), 대안적 형태별(Alternate Form Method), 내적 일관성법(Internal Consistency Method: Cronbach's α)이 주로 사용되는데, 본 연구에서는 신뢰성을 검증하기 위하여 전체항목과 구성요소별로 Cronbach's Alpha 계수를 이용하였다. Cronbach's Alpha 계수의 경우는 신뢰성 분석의 개념인 내적 일치성에 관한 것으로 하나의 개념에 대하여 여러 개의 항목으로 구성되는 척도를 이용한 경우에 해당 문항을 가지고 할 수 있는 가능한 모든 반분 신뢰도를 구하고 이의 평균치를 산출한 것이 계수 값이 되는데, 보통 0.7이상이면 신뢰성이 있다고 볼 수 있다(김충련, 1994).

본 연구에서는 신뢰성을 검증하기 위하여 전체항목과 구성요소별로 Cronbach's Alpha 계수를 이용하였고, 각 구성요인에 대한 신뢰성에 대한 내용은 다음과 같다.

1) 직무특성의 신뢰도 분석

(1) 근무시간의 신뢰도 분석

전체신뢰도를 의미하는 Cronbach's Alpha값이 0.726으로 신뢰성 있는 측정항목으로 분석되었으며, 표준화된 신뢰도 값이 0.726으로 문항의 적합성이 검증되었고, 항목제거 시 α값 또한 전체신뢰도를 저해하고 있지 않는 것으로 분석되어 각각의 문항에 대한 신뢰성이 검증되었다.

【표 4-2】 근무시간의 신뢰도 분석 결과

측정항목	평균	표준편차	수정된 전체상관계수	항목제거 시 α
1. 나는 다른 직장(호텔이 아닌)에 비해 초과근무를 많이 한다고 생각한다.	2.70	1.168	.462	.733
2. 나는 다른 직장(호텔이 아닌)에 비해 야간근무를 많이 한다고 생각한다.	2.56	1.256	.612	.561
3. 나는 다른 직장(호텔이 아닌)에 비해 휴일근무를 많이 한다고 생각한다.	3.04	1.384	.582	.600

Cronbach α=.726, Standardized item Cronbach α=.726

(2) 직무스트레스의 신뢰도 분석

전체신뢰도를 의미하는 Cronbach's Alpha값이 0.819로 신뢰성 있는 측정항목으로 분석되었으며, 표준화된 신뢰도 값이 0.821로 문항의 적합성이 검증되었고, 항목제거 시 α값 또한 전체신뢰도를 저해하고 있지 않는 것으로 분석되어 각각의 문항에 대한 신뢰성이 검증되었다.

【표 4-3】 직무스트레스의 신뢰도 분석 결과

측정항목	평균	표준편차	수정된 전체상관계수	항목제거 시 α
1. 나의 업무는 매우 어렵다.	2.74	.863	.609	.787
2. 나에게 감당하기 어려운 과제 등이 주어지는 경우가 있다.	2.63	.942	.690	.768
3. 나는 처리해야 할 일이 많아지고 있다.	3.22	1.034	.555	.798
4. 나는 업무가 너무 복잡하고 불확실하다.	2.57	.943	.657	.775
5. 나는 너무 많은 책임을 지고 있다.	2.81	.979	.597	.788
6. 나는 일을 집에까지 가져가야 할 때가 많다.	1.91	.949	.416	.825

Cronbach α=.819, Standardized item Cronbach α=.821

(3) 고용불안정의 신뢰도 분석

전체신뢰도를 의미하는 Cronbach's Alpha값이 0.866으로 신뢰성 있는 측정항목으로 분석되었으며, 표준화된 신뢰도 값이 0.866으로 문항의 적합성이 검증되었고, 항목제거 시 α값 또한 전체신뢰도를 저해하고 있지 않는 것으로 분석되어 각각의 문항에 대한 신뢰성이 검증되었다.

【표 4-4】 고용불안정의 신뢰도 분석 결과

측정항목	평균	표준 편차	수정된 전체상관 계수	항목제 거 시 α
1. 나는 내 뜻과 무관하게 회사를 떠나야 할지도 모른다.	2.72	1.109	.689	.837
2. 나는 앞으로 회사에서 추가 감원조치의 가능성이 크다고 생각한다.	2.74	1.071	.741	.824
3. 나는 언제 추가 감원이 있을지 불안감 을 느낀다.	2.55	1.108	.705	.7833
4. 나는 나의 부서나 내가 맡은 일의 장래 가 불투명하다고 생각한다.	2.82	1.108	.657	.845
5. 나는 우리 회사의 고용안정성에 대해 만족하지 못한다.	2.81	1.086	.644	.848

Cronbach α=.866, Standardized item Cronbach α=.866

2) 직장-가정갈등의 신뢰도 분석

전체신뢰도를 의미하는 Cronbach's Alpha값이 0.885로 신뢰성 있는 측정항목으로 분석되었으며, 표준화된 신뢰도 값이 0.885로 문항의 적합성이 검증되었고, 항목제거 시 α값 또한 전체신뢰도를 저해하고 있지 않는 것으로 분석되어 각각의 문항에 대한 신뢰성이 검증되었다.

【표 4-5】 직장-가정갈등의 신뢰도 분석 결과

측정항목	평균	표준편차	수정된 전체상관계수	항목제거 시 α
1. 나는 퇴근 후에 너무 피곤해서 내가 하고자 하는 일들을 집에서 할 수가 없다.	3.07	1.123	.690	.866
2. 나는 직장일 때문에 가족, 친구들과 함께 보낼 시간을 빼앗기고 있다.	3.04	1.106	.748	.856
3. 나의 가족은 집에서 내가 업무와 관련된 일에 열중하는 것을 별로 좋아하지 않는다.	2.66	1.099	.504	.895
4. 직장에서 해야 할 일이 많기 때문에 개인적으로 관심 있는 일을 할 수가 없다.	2.77	1.089	.756	.855
5. 직장생활과 가정생활 모두를 위해서 시간을 적절하게 배분하는 데 어려움을 겪고 있다.	2.96	1.070	.743	.858
6. 직장과 가정에서 해야 할 일을 모두 잘 하기에는 시간이 부족하다.	3.11	1.123	.751	.856

Cronbach α=.885, Standardized item Cronbach α=.885

3) 조직몰입의 신뢰도 분석

전체신뢰도를 의미하는 Cronbach's Alpha값이 0.893로 신뢰성 있는 측정항목으로 분석되었으며, 표준화된 신뢰도 값이 0.895로 문항의 적합성이 검증되었고, 항목제거 시 α값 또한 전체신뢰도를 저해하고 있지 않는 것으로 분석되어 각각의 문항에 대한 신뢰성이 검증되었다.

【표 4-6】 조직몰입의 신뢰도 분석 결과

측정항목	평균	표준편차	수정된 전체상관계수	항목제거 시 α
1. 나는 실제로 우리 호텔의 문제가 진실로 나의 문제인 것처럼 느낀다.	3.25	1.017	.613	.898
2. 나는 우리 호텔에 강한 소속감을 느낀다.	3.40.	.997	.825	.850
3. 나는 우리 호텔에 대하여 감정적(정서적)으로 애착감을 느낀다.	3.42	.951	.818	.853
4. 나는 우리 호텔에서 내 자신이 한 가족의 일원인 것처럼 느낀다.	3.31	.968	.776	.862
5. 내가 일하는 이 호텔(직장)은 나에게 개인적으로 중요한 의미가 있다.	3.62	1.010	.674	.885

Cronbach α=.893, Standardized item Cronbach α=.895

4) 경력몰입의 신뢰도 분석

전체신뢰도를 의미하는 Cronbach's Alpha값이 0.906으로 신뢰성 있는 측정항목으로 분석되었으며, 표준화된 신뢰도 값이 0.906으로 문항의 적합성이 검증되었고, 항목제거 시 α값 또한 전체신뢰도를 저해하고 있지 않는 것으로 분석되어 각각의 문항에 대한 신뢰성이 검증되었다.

【표 4-7】 경력몰입의 신뢰도 분석 결과

측정항목	평균	표준편차	수정된 전체상관계수	항목제거 시 α
1. 나는 삶에 필요한 충분한 돈을 가지고 있더라도 현 직장에서 계속 일을 할 것이다.	2.91	1.156	.721	.892
2. 나는 내 직업을 매우 좋아하기 때문에 그만두지 않을 것이다.	3.07	1.061	.772	.884
3. 내 직업은 평생 직업으로 이상적이라고 생각한다.	2.83	1.104	.784	.882
4. 나는 내 직업이 나에게 천직이라고 생각한다.	2.87	1.059	.769	.885
5. 내가 다시 직장을 선택할 수 있다고 하더라도 나는 현 직장에서 일을 계속할 것이다.	2.72	1.079	.771	.884
6. 나는 내 직업에 불만을 느끼지 않는다.	2.95	1.052	.627	.905

Cronbach α=.906, Standardized item Cronbach α=.906

5) 사회적 지원의 신뢰도 분석

(1) 상사의 지원의 신뢰도 분석

전체신뢰도를 의미하는 Cronbach's Alpha값이 0.469로 매우 신뢰성 떨어지는 것으로 측정되었으며 "나의 상사는 업무상 어려운 일이 발생했을 때 도움이 된다"라는 항목이 항목제거 시 α값이 0.812로 전체신뢰도를 저해하고 있는 것으로 분석되어 이 항목을 제거하고 다시 신뢰도 분석을 실시하였다. 그 결과 전체신뢰도를 의미하는

Cronbach's Alpha값이 0.812로 신뢰성 있는 측정항목으로 분석되었으며, 표준화된 신뢰도 값이 0.811로 문항의 적합성이 검증되었다.

【표 4-8】 상사의 지원 측정문항의 신뢰도 분석 결과

측정항목	평균	표준편차	수정된 전체상관계수		항목제거 시 α	
			제거 전	제거 후	제거 전	제거 후
1. 나의 상사는 내가 업무와 관련된 문제를 일으키면 기꺼이 경청한다.	3.52	.973	.554	.708	.090	.693
2. 나의 상사는 나의 업무에 많은 관심을 보여준다.	3.37	.983	.527	.713	.119	.688
3. 나의 상사는 업무상 어려움이 발생했을 때 도움이 된다.(제거)	2.36	.968	.269		.812	
4. 나의 상사는 내가 업무처리를 잘 했을 때 칭찬을 해준다.	3.26	.963	.501	.569	.156	.833

Cronbach α=0.469(.812), Standardized item Cronbach α=0.468(.811)
* ( )는 항목을 제거했을 때 값임.

(2) 동료의 지원 측정문항의 신뢰도 분석

전체신뢰도를 의미하는 Cronbach's Alpha값이 0.896으로 신뢰성 있는 측정항목으로 분석되었으며, 표준화된 신뢰도 값이 0.896으로 문항의 적합성이 검증되었고, 항목제거 시 α값 또한 전체신뢰도를 저해하고 있지 않는 것으로 분석되어 각각의 문항에 대한 신뢰성이 검증되었다.

【표 4-9】 동료의 지원 측정문항의 신뢰도 분석 결과

측정항목	평균	표준편차	수정된 전체상관계수	항목제거 시 α
5. 나의 동료들은 업무수행에 많은 도움을 준다.	3.53	.864	.789	.856
6. 나의 동료는 업무수행과 관련하여 어려운 일이 발생하였을 때나 평상시에도 도움을 준다.	3.58	.868	.829	.821
7. 나의 동료는 내가 업무수행과 관련된 문제를 말하면 기꺼이 경청한다.	3.57	.901	.767	.876

Cronbach α=0.896, Standardized item Cronbach α=0.896

(3) 조직 지원의 신뢰도 분석

전체신뢰도를 의미하는 Cronbach's Alpha값이 0.913으로 신뢰성 있는 측정항목으로 분석되었으며, 표준화된 신뢰도 값이 0.914로 문항의 적합성이 검증되었고, 항목제거 시 α값 또한 전체신뢰도를 저해하고 있지 않는 것으로 분석되어 각각의 문항에 대한 신뢰성이 검증되었다.

【표 4-10】 조직 지원의 신뢰도 분석 결과

측정항목	평균	표준 편차	수정된 전체상 관계수	항목제거 시 α
8. 회사는 나의 목표와 가치관을 최대한 존중해 준다.	2.93	.999	.727	.902
9. 내가 업무상 또는 사적인 문제로 곤경에 처할 때 회사는 나에게 도움을 준다.	2.83	.967	.763	.897
10. 회사는 내가 업무에 흥미를 느낄 수 있도록 배려해 준다.	2.79	.952	.777	.895
11. 회사는 내가 제기한 불평이나 불만을 무시하지 않는다.	2.87	.897	.745	.900
12. 회사는 나의 복리후생에 대해 정말로 관심을 보인다.	2.74	.985	.758	.898
13. 회사는 나의 의견에 대해 관심을 보인다.	2.77	.966	.772	.896

Cronbach α=.913, Standardized item Cronbach α=.914

2. 타당성의 검증

측정의 타당성(Validity)이란 실제의 측정변수인 개념의 운영정의 (Operation Definition)가 그것이 의도하고자 한 것을 제대로 표출하는가 하는 것이다. 타당성은 측정하고자 하는 것을 측정하였는가에 대한 문제, 즉 정확성과 관련이 되는 것이므로 체계적인 오차와 비체계적인 오차에 의해서 영향을 받는다고 볼 수 있으나 비체계적인 오차는 신뢰성과 관련이 깊으므로 이를 분리하여 타당성에 관한 부분에서는 일반적으로 체계적인 오차에 대하여만 관심을 둔다.

측정의 타당성은 그 평가방법에 따라 내용타당성(Content Validity), 기준에 의한 타당성(Criterion-Related Validity), 개념타당성(Construct Validity), 표면적 타당성(Face Validity), 수렴적 변별적 타당성(Convergent and Discriminant Validity), 종합적 타당성(Synthetic Validity) 등의 개념으로 나눌 수 있다.

기준에 의한 타당성에는 예측타당성(Predictive Validity)이 있으며, 개념타당성으로는 집중타당성(Convergent Validity), 판별타당성(Discriminant Validity) 및 이해타당성(Nomological Validity)이 있다.

일반적으로 내용타당성은 특정한 측정도구의 대표성에 관한 개념이며, 기준에 의한 타당성은 특정변수 간의 통계적인 관계를 규명하는 것이다. 그리고 개념타당성은 심리학적인 특성의 측정과 관련된 개념으로 측정자체의 정확성에 관련된 개념이다(채서일, 2001).

측정치를 구성하고 있는 항목을 측정하려고 하는 변수와 관련된 항목들의 정의역을 대표하는 표본일 경우에 그 측정치는 내용적 타당성을 갖추고 있다고 할 수 있다. 즉 그 측정치가 측정하려고 하는 변수의 정의역 밖의 어떤 다른 항목을 포함하고 있다면 내용적 타당성은 손상을 입게 되는 것이다. 가령 호텔의 서비스만족에 대한 설문에 시설의 관리상태에 대한 질문이 포함되어 있다면 그 설문은 내용적 타당성을 잃게 되는 것이다. 어떠한 측정이 내용적 타당성을 확보하기 위해서는 대상항목의 범위를 규정하고 그 측정항목이 대상범위를 대표로 하는 표본으로 구성되도록 추출하여야 한다.

측정치의 구성개념 타당성은 측정하려는 구성개념의 조작적 정의가 적절한가의 여부를 나타내 보임으로써 그 타당성을 입증할 수 있다. 연구자는 연구하고자하는 구성개념의 조작적 정의, 즉 측정방법을 개발하고 그 측정치가 직접관찰 가능한 변수와 어떠한 관련성을 지니는 가에 대한 가설을 설정해야 한다. 연구자는 또한 연구대상이 되는 구성개념이 다른 구성개념과 어떠한 관련을 가지는가에 대한 명확한 언급이 이루어져야 한다. 그리고 이러한 일련의 과정을 통하여 실증적 연구에서 검증대상이 되고 있는 구성개념의 조작적 정의가 다른 변수들과 가설이 시사하는 방법대로 관련되고 있는가의 여부를 나타내 보이지 않으면 안 된다.

어떤 측정치의 '예측변수'를 이용하여 다른 변수, 즉 '기준변수'를 측정하고자 하는 경우에 기준관련 타당성과 관련된다. 기준관련 타당성은 예측변수와 기준변수의 측정시점에 대하여 세 가지 접근방법이 있다. 하나는 예측변수를 일정시점에서 측정하고 그 뒤에 기준변수를 측정하는 방법이고 다른 하나의 방법은 예측변수와 기준변수를 같은 시점에서 측정하는 방법이다. 이러한 방법을 공시적 타당성(Concurrent Validity)이라고 한다. 마지막 방법은 기준변수의 측정이 선행되고 예측변수는 나중에 측정되는 방법이다. 이와 같은 방법이 사후적 타당성(Post-Dictive Validity)이다(노형진, 2001). 측정의 타당성의 검증을 위해서는 일반적으로 다속성 다측정 방법(Multi-Trait Multi-Method Matrix)과 요인분석(Factor Analysis)을 사용한다. 다속성 다측정 방법은 동일한 개념에 대하여 상이한 방식의 측정결과가 일치된다는 집중타당성과 상이한 방법에 의한 상이한 개념의 측정은 상이해야 한다는 판별타당성에 의한 것이며, 요인분석은 다수의 변수들로부터 내부적으로 유사하지만 다른 요인과는 구별되는 상호 독립적인 요인들로 묶여지는 요인을 추출함으로써 의도한 개념에 대한 내부적으로는 집중타당성이면서 외부적으로는 판별타당성이 적용되는 방법을 말한다.

본 연구에서는 다속성 다측정 방법 선택·활용 시에 발생하는 반대개념의 정의와 측정법의 탐색에 대한 난점과 시간적·경제적 부담으로 인하여 다속성 다측정 방법을 사용하지 않았고, 변수들의 유사성과 독립성으로 나타나는 요인을 사전에 기획한 요인과 비교함으로써 내용의 타당성을 확보하는 요인분석(Factor Analysis)을 실시하였다. 이러한 요인분석의 장점은 적은 시간적 노력과 비용적 부담으로도 타당성의 확보가 용이하다는 것을 들 수가 있는데, 반면에 관련 분야에 대한 해박한 지식이나 이론적 고찰에 대한 정확한 근거가 제시되어야 한다는 단점도 가지고 있다. 본 연구에서는 이러한 요인분석의 근거로 서비스기업의 마케팅에 관한 다수의 선행연구를 토대로 요인을 설정하고 이를 요인분석을 통하여 검증하였다.

본 연구의 요인분석에서는 변수들의 상관관계를 이용하여 본래의 변수들이 갖는 의미를 최대한 보존하면서 보다 적은 합성변수(요인)로 R-Type요인분석을 적용하였으며, 요인분석의 한 방법인 주성분분석을 이용하였고, 요인적재량(Factor Loading)를 높이기 위해서 베리멕스(Varimax With Kaiser Normalization)를 실시하였다. 이러한 분석의 결과로 나타나는 요인에 대한 점수는 고유치(Eigen Value)는 1 이상이 되는 요인의 수에 의해 결정되었다.

1) 직무특성에 대한 요인분석

직무특성 14항목에 대한 요인분석 결과는 다음의 【표 4-11】과 같이 분석되었다. 그리고 최종모형의 요인분석 결과, KMO(Kaiser – Meyer – Oklin)측도의 값이 0.857로, Battlet의 구형성 검증을 위한 근사 χ^2값이 2083.193으로 0.000수준에서 유의한 모형임이 검증되었다. 요인분석의 설명력을 의미하는 누적된 총 분산이 60.552로 60.5% 의 설명력을 의미하며 이는 다소 높은 설명력을 보이고 있으며, 직각회전인 Varimax방식에 의하여 5번 반복계산에서 수렴되었다.

【표 4-11】 직무특성의 요인분석 결과

요인	측정변수	공통성	Factor 1	Factor 2	Factor 3
고용불안	V2	.725	.829		
	V1	.665	.801		
	V3	.676	.786		
	V4	.615	.763		
	V5	.604	.732		
직무스트레스	V2	.676		.808	
	V4	.627		.756	
	V1	.572		.737	
	V3	.494		.687	
	V5	.520		.668	
	V6	.331		.563	
근무시간	V3	732			.849
	V2	.709			.812
	V1	.531			.652
Eigen – Value(고유값)			5.016	1.962	1.499

KMO(Kaiser – Meyer – Oklin)측도: 0.857
Battlet의 구형성 검증을 위한 근사 χ^2: 2083.193(p – 0.000)
누적된 총 분산(분산의 설명력): 60.552(60.5%의 설명력)
주성분분석, Varimax 5번 반복계산에서 수렴되었음.

2) 직장 - 가정갈등에 대한 요인분석

직장-가정갈등 측정항목의 타당성을 검증하기 위하여 직장-가정 갈등을 설명하는 항목 6개에 대한 요인분석을 실시하였다.

먼저 모형의 적합성을 판단하는 KMO(Kaiser-Meyer-Oklin)측도에 결과, 값이 0.890으로 나타났으며, Battlet의 구형성 검증을 위한 근사 χ^2값이 1183.275로 유의수준 p가 0.000수준에서 유의한 것으로 분석되었다.

전체 요인분석 모형의 설명력을 의미하는 누적된 총 분산의 값이 64.000으로 나타남으로써, 64%의 설명력을 보이고 있는 것으로 분석되었다.

단일요인으로 수렴되는 요인으로 회전은 이루어지지 않았다.

【표 4-12】 직장-가정갈등 측정항목의 요인분석 결과

요인	측정변수	공통성	Factor 1
직장-가정갈등	V4	.712	.844
	V6	.706	.840
	V2	.705	.840
	V5	.701	.837
	V1	.631	.794
	V3	.385	.620
Eigen-Value(고유값)			3.840

KMO(Kaiser-Meyer-Oklin)측도: 0.890
Battlet의 구형성 검증을 위한 근사 χ^2: 1183.275(p-0.000)
누적된 총 분산(분산의 설명력): 64.000(64%의 설명력)
주성분분석, 단일성분의 추출로 회전 없음.

3) 조직 및 경력몰입에 대한 요인분석

조직 및 경력몰입 11항목에 대한 요인분석 결과는 다음의 【표 4-12】와 같이 분석되었다. 그리고 최종모형의 요인분석 결과, KMO (Kaiser-Meyer-Oklin)측도의 값이 0.881로, Battlet의 구형성 검증을 위한 근사 χ^2값이 2751.154로 0.000수준에서 유의한 모형임이 검증되었다. 요인분석의 설명력을 의미하는 누적된 총 분산이 69.703으로 69.7%의 설명력을 의미하며 이는 다소 높은 설명력을 보이고 있으며, 직각회전인 Varimax방식에 의하여 3번 반복계산에서 수렴되었다.

【표 4-13】 조직 및 경력몰입의 요인분석 결과

요인	측정변수	공통성	Factor 1	Factor 2
경력몰입	V4	.737	.854	
	V5	.734	.854	
	V3	.746	.846	
	V2	.722	.802	
	V1	.651	.784	
	V6	.530	.700	
조직몰입	V2	.808		.882
	V3	.801		.869
	V4	.750		.848
	V5	.622		.752
	V1	.567		.751
Eigen-Value(고유값)			5.357	2.310

KMO(Kaiser-Meyer-Oklin)측도: 0.881
Battlet의 구형성 검증을 위한 근사 χ^2: 2751.154(p-0.000)
누적된 총 분산(분산의 설명력): 69.703(69.7%의 설명력)
주성분분석, Varimax 3번 반복계산에서 수렴되었음.

4) 사회적 지원에 대한 요인분석

사회적 지원 12항목에 대한 요인분석 결과는 다음의 【표 4-14】와 같이 분석되었다. 그리고 최종모형의 요인분석 결과, KMO(Kaiser-Meyer-Oklin)측도의 값이 0.898로, Battlet의 구형성 검증을 위한 근사 χ^2값이 2943.071로 0.000수준에서 유의한 모형임이 검증되었다.

요인분석의 설명력을 의미하는 누적된 총 분산이 74.163으로 74.1%의 설명력을 의미하며 이는 다소 높은 설명력을 보이고 있으며, 직각회전인 Varimax방식에 의하여 5번 반복계산에서 수렴되었다.

【표 4-14】 사회적 지원의 요인분석 결과

요인	측정변수	공통성	Factor 1	Factor 2	Factor 3
조직의 지원	V12	.727	.840		
	V13	.730	.830		
	V10	.717	.802		
	V9	.697	.797		
	V11	.688	.793		
	V8	.661	.738		
동료의 지원	V6	.861		.873	
	V5	.825		.850	
	V7	.795		.817	
상사의 지원	V2	.806			.847
	V1	.803			.839
	V4	.590			.658
Eigen-Value(고유값)			6.067	2.887	1.945

KMO(Kaiser-Meyer-Oklin)측도: 0.898
Battlet의 구형성 검증을 위한 근사 χ^2: 2943.071(p-0.000)
누적된 총 분산(분산의 설명력): 74.163(74.1%의 설명력)
주성분분석, Varimax 5번 반복계산에서 수렴되었음.

제3절 상관관계의 검증

요인 간 혹은 변수 간의 상관관계(Correlation)란, 두 개의 변수 x, y가 있을 경우에 x의 변화량에 따라 y도 변화하는 관계를 말하는데, x가 증가할 때 y도 증가하는 경우를 양(+)의 상관관계라고 하며, x가 증가할 때 y는 감소하는 경우를 음(-)의 상관관계라고 한다. 그리고 어느 쪽의 관계도 보이지 않는 경우를 무상관이라고 한다(채서일, 1993).

일반적으로 상관관계의 크기에 대하여서는 학자마다 그 기준이 사뭇 다르고, 인위적인 기준에 의한 평가가 이루어지기 쉬우며, 상관관계의 크기라는 것이 단순 상관관계, 즉 두 변수 간의 상관관계만 제시되기 때문에 본 연구에서는 이러한 이유로 전체적인 부분을 충분히 고려하여 결과를 제시하는 SPSS 12.0 통계패키지에서 분석한 상관계수 및 유의확률을 그대로 수용하여 각 요인의 상관관계를 분석하는 데에 사용하였다.

분석의 결과, 전체적으로 각 요인들 간에는 상관관계가 강하게 나타나고 있음을 알 수 있으며, 요인분석을 통하여 수렴된 요인들의 상관관계분석이기 때문에 각 요인분석 대상항목 간의 유의성은 나타나지 않고 있다. 즉 요인수렴을 위하여 실시한 회전기법을 이유로 각 요인집단에서는 통계적 유의성 및 상관관계가 소멸되어 버리므로 상관관계분석에서는 유의성이 검증되지 않고 있다.

구체적인 요인들의 상관관계 분석결과는 다음의 【표 4-15】와 같다.

[표 4-15] 관계분석을 위한 요인 간 상관관계 분석 결과

구분		F1	F2	F3	F4	F5	F6	F7	F8	F9	F10	F11	F12	F13	F14	F15	F16	F17
F1	상관계수	1.00																
	유의확률																	
F2	상관계수	-.302**	1.00															
	유의확률	.000																
F3	상관계수	-.009	-.220**	1.00														
	유의확률	.861	.000															
F4	상관계수	-.017	.144**	-.003	1.00													
	유의확률	.743	.005	.948														
F5	상관계수	.272**	-.583**	.112*	-.087	1.00												
	유의확률	.000	.000	.028	.202													
F6	상관계수	.263**	-.398**	.028	-.086	.388**	1.00											
	유의확률	.000	.000	.581	.091	.000												
F7	상관계수	-.200**	.539**	.125*	.184**	-.448**	-.311**	1.00										
	유의확률	.000	.000	.014	.000	.000	.000											
F8	상관계수	-.287**	.758**	-.137**	.122*	-.567**	-.165**	.578**	1.00									
	유의확률	.000	.000	.007	.017	.000	.000	.000										
F9	상관계수	.011	-.194**	-.010	-.178**	.051	.006	-.091	-.102*	1.00								
	유의확률	.8232	.000	.846	.000	.324	.902	.074	.047									

구분		F1	F2	F3	F4	F5	F6	F7	F8	F9	F10	F11	F12	F13	F14	F15	F16	F17
F10	상관계수	-.094	.058	.104*	.078	-.102*	-.093	.227**	.152**	.341**	1.00							
	유의확률	.065	.257	.042	.129	.046	.070	.000	.000	.000								
F11	상관계수	-.009	.097	-.006	-.072	-.110*	-.117*	.096	.134**	.342**	.397**	1.00						
	유의확률	.854	.059	.907	.160	.032	.022	.062	.009	.000	.000							
F12	상관계수	.202**	-.123*	.097	-.152**	.024	-.009	-.002	-.053	.452**	.378**	.423**	1.00					
	유의확률	.000	.016	.057	.003	.645	.868	.975	.296	.000	.000	.000						
F13	상관계수	-.052	.270**	-.070	.026	-.191**	-.110*	.288**	.232**	-.083	.094	.027	.020	1.00				
	유의확률	.309	.000	.171	.611	.000	.032	.000	.000	.105	.066	.592	.699					
F14	상관계수	-.145**	.113*	-.045	.062	-.132**	.141**	.065	.035	-.239**	-.83	-.251**	-.291**	.396**	1.00			
	유의확률	.000	.027	.383	.229	.010	.006	.207	.498	.000	.105	.000	.000	.000				
F15	상관계수	-.045	-.082	.045	-.011	.107*	.035	.013	-.057	-.143**	-.081	-.263**	-.177**	.358**	.306**	1.00		
	유의확률	.378	.109	.385	.832	.036	.493	.805	.270	.005	.114	.000	.001	.000	.000			
F16	상관계수	-.075	-.027	-.016	-.058	.015	.005	.003	-.066	-.103*	-.150**	-.318**	-.169**	.319**	.253**	.595**	1.00	
	유의확률	.145	.598	.756	.257	.771	.921	.956	.198	.044	.044	.000	.001	.000	.000	.000		
F17	상관계수	-.098	.013	.012	.041	.011	.087	.028	-.068	-.197**	-.024	-.355**	-.264**	.361**	.476**	.487**	.462**	1.00
	유의확률	.056	.797	.813	.428	.825	.089	.586	.182	.000	.646	.000	.000	.000	.000	.000	.000	

*: 0.05 수준(양쪽)에서 유의함. **: 0.01 수준(양쪽)에서 유의함.
F1: 성별 F2: 연령 F3: 학력 F4: 부서 F5: 결혼여부 F6: 고용형태 F7: 직급 F8: 근속기간 F9: 근무기간 F10: 근무시간 F11: 직무스트레스 F12: 고용불안
F13: 조직몰입 F14: 경력몰입 F15: 상사지원 F16: 동료지원 F17: 조직지원

제4절 가설의 검증

회귀분석(Regression)은 변수들 간의 함수적인 관련성을 규명하기 위해서 어떠한 수학적 모형을 가정하고 측정된 자료를 이용하여 통계적 추정을 행하는 분석방법을 말하며, 자료로부터 얻어진 관계식을 이용하여 종속변수의 움직임을 독립변수들을 통하여 예측하고, 모형전체와 독립변수들의 영향력에 관한 통계적 검증과 추정을 행하는 데에 사용된다.

즉 회귀분석은 하나의 변수를 이용하여 하나의 변수를 제어하거나 예측할 때 사용되는데, 일반적으로 예측의 목적으로 많이 사용하며, 이러한 경우에 예측하고자 하는 변수를 목적변수라고 하며, 예측에 사용하는 변수를 설명변수라고도 한다.

회귀분석은 한 개 또는 그 이상의 독립변수들과 한 개의 종속변수와의 관계를 파악하기 위한 기법이다. 즉 종속변수의 변화에 영향을 미치는 여러 개의 변수들을 이용하여 확인하고자하는 종속변수의 변화를 예측하는 가장 대표적인 종속관계에 대한 분석인 것이다.

회귀분석은 크게 단순회귀분석과 다중회귀분석으로 구분된다. 단순회귀분석은 종속변수에 영향을 미치는 변수가 하나일 경우에 사용되고 다중회귀분석은 두 개 이상의 독립변수가 종속변수에 영향을 미치는 경우에 사용하는데, 본 연구에서는 연구모형에 따라 다수의 독립변수가 종속변수에 미치는 영향을 예측하기 위하여 다중회귀분석을 사용하고자 한다. 이는 개별적인 선행변수와 결과변수 간의 관계를 살펴보는 단순회귀분석을 사용하였을 때보다 다중회귀분석을 이용하면 단순회귀분석에 비해 편의를 줄이고 보다 정밀한 인과관계를 밝힐 수 있기 때문이다. 그리고 다중회귀분석은 독립변수들을 동시에 투입하는 방식을 사용하였다. 또한 인구통계학적 특성변수를 통제변수로 사용하였는데 이는 앞의 상관관계분석에서 나타났듯이 인구통계학적 특성 변수들이 선행변수와 결과변수에 유의한 관련성이 있는 것으로 나타났기 때문이다. 그러므로 이들 변수들을 통제하지 않으면 변수들 간의 관계를 명확히 살펴볼 수 없기 때문에 본 연구의 모든 가설검증에 있어 인구통계학적 특성변수를 통제하여 분석하였으며 이를 회귀식에 투입하기 위하여 더미(Dummy)변수화하여 분석을 수행하였다.

1. 가설 1의 검증

본 연구의 가설1은 직무특성과 직장-가정갈등에 관련한 구성개념 간의 직접적인 관계를 규명하기 위한 것이다.

이러한 연구목적을 달성하기 위하여 각각의 가설에 따른 인과관계를 회귀분석을 통하여 검증하고자 하였으며 그 결과는 다음과 같다.

가설 1. 직무특성은 직장-가정 갈등에 유의미한 영향을 미칠 것이다.
가설 1-1. 근무시간이 많다고 지각할수록 직장-가정갈등은 높아질 것이다.
가설 1-2. 직무스트레스가 많다고 지각할수록 직장-가정갈등은 높아질 것이다.
가설 1-3. 고용불안정성에 대해 높게 지각할수록 직장-가정갈등은 높아질 것이다.

분석결과 먼저 기여율[1]인 R^2는 .350으로 나타났는데 이는 직장-가정갈등의 총 분산 가운데 35.0%를 설명하는 것이며 회귀식에 대한 F값이 15.286으로서 유의수준(p<.001)에서 통계적으로 유의한 결과를 보여주고 있다. 그리고 통제변수만이 회귀식에 들어갔을 때의 R^2는 .059였는데 직무특성이 회귀식에 포함됨으로써 직장-가정갈등의 분산에 대한 설명력이 34.41%가 증가하였다.

한편 Durbin-Watson통계량[2]은 1.851로 임계치인 2.000에 가까우므로 통계적으로 적합한 모형으로 분석할 수 있다.

직무특성이 직장-가정갈등에 대한 유의성을 살펴보면 모든 변수들이 통계적으로 유의하게 나타났다. 그리고 인구통계학적 특성 중

---

[1] 회귀식의 유효성을 평가하기 위한 지표로서 기여율(결정계수)이 있다. 이 기여율은 종속변수의 변동 중 회귀식에 의해서 설명되는 변동의 비율을 나타내는 지표로서 기여율이 1에 가까울수록 회귀식은 잘 들어맞는다고 한다. 기여율은 R^2라고 하는 기호로 표시하며 기여율 R의 제곱근 R을 상관계수라 한다.

[2] Durbin-Watson분석은 오차 항들 간의 독립성을 검증하기 위한 방법으로 Durbin-Watson의 통계량에 대하여서는 구체적이고 명확하게 기준으로 제시되는 임계치는 없으나, 일반적으로 2.000에 가까울수록 오차항의 자기상관이 없음으로 통계적으로 적합한 모형임을 입증하는 것으로 분석하고 있다.

부서만이 통계적으로 유의한 영향을 미치는 것으로 나타났다.

구체적으로 살펴보면 근무시간은 직장-가정갈등에 대해 정(+)의 방향으로 영향을 미쳤으며 근무시간의 회귀계수에 대한 t값은 5.724로서 .001의 수준에서 유의하였다. 이는 곧 근무시간에 대해 높게 지각할수록 직장-가정갈등이 높아진다는 것을 증명하는 것이다. 이러한 연구결과는 선행연구(Hughes & Galinsky, 19984; Voydanoff, 2002; Fredriksen-Goldsen & Scharlach, 2001; Frone, 2000; Netemeyer, Boles & McMurrian, 1996; Judge, Boudreau & Bretz, 1994, Frye & Breaugh, 2004)의 연구결과와 일치하며 특히 호텔기업은 경영의 특성상 365일 24시간 영업을 하기 때문에 교대, 야간, 휴일 및 초과근무를 하는 부분이 다른 산업체와 비교하여 상당히 많은 부분을 차지하고 있다. 이러한 교대, 야간, 휴일 및 초과근무 등은 직장에서 보내는 시간은 상대적으로 가정에서 보내는 시간을 직접적으로 줄어들게 하며 직장생활전반이나 업무특성은 가정생활에 비해 개인 스스로 통제할 수 있는 가능성이 더 적기 때문에 직장에서 쓸 수 있는 시간이나 심리적 자원을 제한하여 가정활동을 제한하게 된다. 따라서 근무시간(초과, 교대, 야간, 휴일)이 많을수록 직장-가정갈등이 높아진다고 사료해 볼 수 있다.

다음으로 직무스트레스도 직장-가정갈등에 대해 정(+)의 방향으로 영향을 미쳤으며 직무스트레스의 회귀계수에 대한 t값은 3.795로서 .001의 수준에서 유의하였다. 이는 곧 직무스트레스를 높게 받을수록 직장-가정갈등이 높아진다는 것을 증명하는 것이다. 이러한 연구결과는 선행연구(Greenhaus & Beutell, 1985; 박인규, 2004)의 연구결과와 일치하며 이는 직장에서의 스트레스원이 불안, 피로, 우울,

무감각 등의 긴장을 야기 시켜 가정생활을 어렵게 하는 것이다. 즉 직장에서의 과도한 업무는 많은 역할로 시간의 총 요구가 너무 많아 적절히 처리할 수 없거나 한 역할에 투자하는 시간에는 동시에 다른 역할을 수행할 수 없어서 발생하는 시간부족과 시간제약에 대한 심리적인 느낌이나 반응을 포괄한 역할과부하는 직장-가정갈등의 원인이 되는 것이다. 따라서 직무스트레스가 높을수록 직장-가정갈등이 높아진다고 사료해 볼 수 있다.

마지막으로 고용불안정도 직장-가정갈등에 대해 정(+)의 방향으로 영향을 미쳤으며 고용불안정의 회귀계수에 대한 t값은 5.539로서 .001의 수준에서 유의하였다. 이는 곧 고용불안정을 높게 지각할수록 직장-가정갈등이 높아진다는 것을 증명하는 것이다. 이러한 연구결과는 선행연구(Batt & Valcour, 2003; 임효창·이봉세·박경규, 2005; Feather & Rauter, 2004; 최우성, 2005)의 연구결과와 일치하며 이는 고용불안정성이라는 것이 위협적인 상황으로 인해 자신의 직무가 없어질 수 있는데도 불구하고 그 위협을 억제하지 못하기 때문에 느끼는 무력감으로 종사원들이 고용불안정성에 대해 높게 지각하면 이는 심리적 긴장을 유발하여 직장-가정갈등을 높게 하며 이로 인해 구성원들의 태도에 매우 부정적인 영향을 줄 수 있다. 따라서 고용불안정성을 높게 지각할수록 직장-가정갈등이 높아진다고 사료해 볼 수 있다.

한편 VIF값[3])은 1.915에서 1.218 등의 값의 범위에서 각각의 독립

---

3) VIF값은 종속변수에 영향을 미치는 독립변수들의 다중공선성 - 독립변수 간의 상관관계가 강하여 종속변수에 미치는 영향이 부정확하게 검증되는 것을 의미함 - 을 확인하기 위한 것으로 1.000에서 2.000의 값 사

변수의 다중공선성의 문제가 없이 독립변수와 종속변수의 관계가 명확하게 분석된 것으로 해석할 수 있다.

【표 4-16】 직무특성과 직장-가정갈등과의 관계에 대한 회귀분석

모형	비표준화계수		표준화계수	t	유의확률	VIF
	B	표준오차	베타			
1 (상수)	2.704	.211		12.812	.000	
연령더미	-.329	.141	-.153	-2.325*	.021	1.717
학력더미	.104	.096	.059	1.089	.277	1.177
근무부서더미 1	.255	.116	.125	2.208*	.028	1.257
근무부서더미 2	.378	.105	.205	3.597***	.000	1.282
결혼여부더미	-.017	.110	-.010	-.155	.877	1.549
고용형태더미	-.033	.143	-.016	-.228	.820	1.915
근속기간더미 1	.004	.164	.002	.026	.979	3.437
근속기간더미 2	.086	.208	.048	.413	.680	5.289
직급더미 1	.082	.121	.041	.677	.499	1.467
직급더미 2	.146	.170	.056	.856	.393	1.693
R^2 =.059 F =2.350 유의확률 =.000						
2 (상수)	.929	.227		4.092	.000	
연령더미	-.051	.123	-.024	-.418	.676	1.851
학력더미	.164	.081	.093	2.016*	.044	1.218
근무부서더미 1	.116	.098	.057	1.182	.238	1.304
근무부서더미 2	.313	.089	.169	3.530***	.000	1.305
결혼여부더미	.027	.092	.015	.293	.770	1.553
고용형태더미	-.111	.120	-.054	-.924	.356	1.923

이의 값을 보일 경우에 다중공선성이 없는 것으로 확인할 수 있다.

모형	비표준화계수		표준화계수	t	유의확률	VIF
	B	표준오차	베타			
근속기간더미 1	-.277	.139	-.157	-1.995*	.047	3.527
근속기간더미 2	-.187	.176	-.104	-1.067	.287	5.412
직급더미 1	-.047	.101	-.024	-.467	.641	1.486
직급더미 2	-.041	.144	-.016	-.289	.773	1.728
근무시간	.245	.043	.286	5.724***	.000	1.417
직무스트레스	.238	.063	.187	3.795***	.000	1.385
고용불안정	.265	.048	.267	5.539***	.000	1.323
$R^2 = .350$ F $= 15.286$ 유의확률 $= .000$						

연령더미: 40대 미만:0, 40대 이상:1
학력더미: 전문대졸 미만:0, 전문대졸 이상:1
근무부서더미 1: 객실:1, 식음료 · 조리:0, 관리:0
근무부서더미 2: 객실:0, 식음료 · 조리:1, 관리:0
결혼여부더미: 기혼:0, 미혼:1
고용형태더미: 정규직:0, 비정규직:1
직급더미 1: 사원:0, 주임 · 계장:1, 과장 이상:0
직급더미 2: 사원:0, 주임 · 계장:0, 과장 이상:1
근속기간더미 1: 1년 미만:0, 1~7년:1, 8년 이상:0
근속기간더미 2: 1년 미만:0, 1~7년:0, 8년 이상:1
*: p<.05 ** p<.01 *** p<.001

2. 가설 2의 검증

본 연구의 가설2는 직장-가정갈등과 조직몰입에 관련한 구성개념 간의 직접적인 관계를 규명하기 위한 것이다.

이러한 연구목적을 달성하기 위하여 각각의 가설에 따른 인과관계를 회귀분석을 통하여 검증하고자 하였으며 그 결과는 다음과 같다.

가설 2. 직장-가정갈등에 대해 높게 지각할수록 조직몰입은 낮아 것이다.

분석결과 먼저 기여율인 R^2는 .100으로 나타났는데 이는 조직몰입의 총분산 가운데 10.0%를 설명하는 것이며 회귀식에 대한 F값이 3.762로서 유의수준(p<.001)에서 통계적으로 유의한 결과를 보여주고 있다. 그리고 통제변수만이 회귀식에 들어갔을 때의 R^2는 .099였는데 직장-가정갈등이 회귀식에 포함됨으로써 조직몰입의 분산에 대한 설명력이 0.1%가 증가하였다.

한편 Durbin-Watson통계량은 1.851로 임계치인 2.000에 가까우므로 통계적으로 적합한 모형으로 분석할 수 있다.

직장-가정갈등은 조직몰입에 대한 통계적으로 유의하게 나타났다. 그리고 인구통계학적 특성 중 직급더미2에서만이 통계적으로 유의한 영향을 미치는 것으로 나타났다.

구체적으로 살펴보면 직장-가정갈등은 조직몰입에 대해 음(-)의 방향으로 영향을 미쳤으며 직장-가정갈등의 회귀계수에 대한 t값은 -1.628로서 .05의 수준에서 유의하였다. 이는 곧 직장-가정갈등이 높을수록 조직몰입이 감소한다는 것을 증명하는 것이다. 이러한 연구결과는 선행연구(Netemeyer et al., 1996; Anderson-Kulman & Paludi, 1986; Good et al., 1988; Gray, 1989; Kossek & Ozeki, 1999;

Burke et al., 1988; Aryee, 1992; 강혜련·최서연, 2001; 이요행 등, 2005)의 연구결과와 일치하며 이는 직장과 가정이라는 다중역할몰입이 개인에게 심리적인 역할갈등을 만들어 내고 이러한 다중역할몰입의 결과 조직몰입을 감소한다고 볼 수 있다. 따라서 종사원들이 직장-가정갈등을 높게 지각할수록 한 조직에 대한 개인의 동일시와 몰입의 상대적 정도, 즉 한 개인이 자기가 속한 조직에 대해 얼마나 일체감을 가지고 몰두하느냐인 조직몰입이 떨어진다고 사료해 볼 수 있다.

하지만 직급더미2의 경우 조직몰입에 대해 정(+)의 방향으로 영향을 미치는 것으로 나타났다. 이는 직급이 과장이상인 경우 직장-가정갈등에 대해 높게 지각할수록 조직몰입이 증가하는 것으로 볼 수 있다. 이러한 결과는 연구대상의 대부분 호텔기업들 특히 노동조합이 있는 경우 과장급부터 비 노동조합원으로 분류되며 이는 구조조정을 실시할 경우 우선순위로 퇴사 및 명예퇴직이 되기 때문에 직장-가정갈등에 대해 높게 지각하더라도 조직에 대해 몰입하여 퇴직 및 명예퇴직을 피하기 위해 더욱 조직에 대한 애착과 몰입을 하는 것으로 사료해 볼 수 있다.

또한 추가적으로 직급에 따른 조절효과를 검증하기 위해 직급더미2와 직장-가정갈등의 상호작용항을 이용하여 추가분석을 실시하였다. 분석결과 직급더미2 및 직장-가정갈등을 투입했을 때의 설명력(R^2)이 5.1%였던 것에 비해 직급더미2와 직장-가정갈등의 상호작용항을 회귀식에 추가 투입함으로써 설명력이 0.1%로 증가하였다. 또한 이 설명력의 증분($\triangle R^2$)에 대한 F검증 결과 통계적으로 유의하게 나타났다. 하지만 t-값이 통계적으로 유의한 영향을 미치지 않는 것으로 분석되었다(p>.05) 따라서 직급더미에 따라 직장-가정갈등이 조직몰입에 미치는 영향은 조절효과가 없는 것으로 볼 수 있다.

【표 4-17】 직급의 조절효과

모형	비표준화계수		표준화계수	t	유의확률
	B	표준오차	베타		
1 (상수)	3.328	.004		75.170	.000
직급더미 2	.552	.123	.225	4.506***	.000
$R^2 = .051$ F = 20.301 유의확률 = .000					
2 (상수)	3.261	.146		22.385	.000
직급더미 2	.553	.123	.225	4.509***	.000
직장-가정갈등	-.123	.047	-.424	-1.423*	.040
$R^2 = .051$ F = 10.246 유의확률 = .000					
3 (상수)	3.242	.154		21.027	.000
직급더미 2	.716	.447	.292	1.603	.110
직장-가정갈등	-.129	.050	-.331	-1.582*	.048
직급더미2X직장-가정갈등	-.112	.296	-.069	-.378	.705
$R^2 = .052$ F = 6.863 유의확률 = .000					

직급더미 2: 사원:0, 주임·계장:0, 과장 이상:1
*: p<.05 ** p<.01 *** p<.001

【표 4-18】 직장-가정갈등과 조직몰입과의 관계에 대한 회귀분석

모형	비표준화계수		표준화계수	t	유의확률	VIF
	B	표준오차	베타			
1 (상수)	3.399	.195		17.443	.000	
연령더미	.045	.131	.022	.345	.730	1.717
학력더미	-.052	.088	-.031	-.586	.558	1.177
근무부서더미 1	.097	.107	.050	.911	.363	1.257
근무부서더미 2	-.011	.097	-.006	-.108	.914	1.282
결혼여부더미	-.096	.101	-.058	-.944	.346	1.549
고용형태더미	-.033	.132	-.017	-.246	.806	1.915
근속기간더미 1	-.152	.151	-.091	-1.001	.318	3.437
근속기간더미 2	.131	.192	.077	.682	.496	5.289
직급더미 1	.082	.111	.044	.738	.461	1.497
직급더미 2	.379	.157	.154	2.411[*]	.016	1.693

$R^2 = .099$ F = 4.105 유의확률 = .000

모형	비표준화계수		표준화계수	t	유의확률	VIF
2 (상수)	3.317	.234		14.170	.000	
연령더미	.055	.132	.027	.417	.677	1.742
학력더미	-.055	.089	-.033	-.620	.536	1.181
근무부서더미 1	.090	.108	.046	.833	.405	1.274
근무부서더미 2	-.022	.099	-.013	-.222	.825	1.327
결혼여부더미	-.095	.101	-.058	-.939	.349	1.549
고용형태더미	-.032	.132	-.016	-.238	.812	1.915
근속기간더미 1	-.152	.152	-.091	-1.001	.318	3.437
근속기간더미 2	.128	.192	.076	.668	.505	5.292
직급더미 1	.080	.112	.043	.715	.475	1.468
직급더미 2	.374	.157	.153	2.379[*]	.018	1.696
직장-가정갈등	-.030	.048	-.032	-1.628[*]	.043	1.063

$R^2 = .100$ F = 3.762 유의확률 = .000

연령더미: 40대 미만:0, 40대 이상:1   학력더미: 전문대졸 미만:0, 전문대졸 이상:1
근무부서더미1: 객실:1, 식음료·조리:0, 관리:0   근무부서더미2: 객실:0, 식음료·조리:1, 관리:0
결혼여부더미: 기혼:0, 미혼:1   고용형태더미: 정규직:0, 비정규직:1
직급더미1: 사원:0, 주임·계장:1, 과장 이상:0   직급더미2: 사원:0, 주임·계장:0, 과장 이상:1
근속기간더미1: 1년 미만:0, 1~7년:1, 8년 이상:0 근속기간더미2: 1년 미만:0, 1~7년:0, 8년 이상:1
*: p<.05 ** p<.01 *** p<.001

3. 가설 3의 검증

본 연구의 가설3은 직장 - 가정갈등과 경력몰입에 관련한 구성개념 간의 직접적인 관계를 규명하기 위한 것이다.

이러한 연구목적을 달성하기 위하여 각각의 가설에 따른 인과관계를 회귀분석을 통하여 검증하고자 하였으며 그 결과는 다음과 같다.

> 가설 3. 직장 - 가정갈등에 대해 높게 지각할수록 경력몰입은 낮아질 것이다.

분석결과 먼저 기여율인 R^2는 .165로 나타났는데 이는 경력몰입의 총분산 가운데 16.5%를 설명하는 것이며 회귀식에 대한 F값이 6.667로서 유의수준(p<.001)에서 통계적으로 유의한 결과를 보여주고 있다. 그리고 통제변수만이 회귀식에 들어갔을 때의 R^2는 .098이었는데 직장 - 가정갈등이 회귀식에 포함됨으로써 경력몰입의 분산에 대한 설명력이 15.52%가 증가하였다.

한편 Durbin - Watson통계량은 2.000으로 임계치인 2.000에 가까우므로 통계적으로 적합한 모형으로 분석할 수 있다.

직장 - 가정갈등은 경력몰입에 대한 통계적으로 유의하게 나타났다. 그리고 인구통계학적 특성 중 결혼여부, 근무부서, 고용형태만이 통계적으로 유의한 영향을 미치는 것으로 나타났다.

구체적으로 살펴보면 직장 - 가정갈등은 경력몰입에 대해 음(-)의 방향으로 영향을 미쳤으며 직장-가정갈등의 회귀계수에 대한 t값은 -5.460으로서 .001의 수준에서 유의하였다. 이는 곧 직장-가정갈등이 높을수록 경력몰입이 감소한다는 것을 증명하는 것이다. 이러한 연구결과는 선행연구(Catalyst, 1992; Darden et al., 1989; Bielby & Bielby, 1988; Tenbrunsel et al., 1995; 강혜련 & 임희정, 2000)의 연구결과와 일치하며 특히 여성의 경우 전통적으로 여성과 가족의 애착관계에 대한 고정관념과 시간에 기초한 직장-가정갈등이 여성의 경력몰입을 방해하고 있다. 즉 경력성공을 방해하는 가족의 요구로 인해 직장-가정갈등이 높을수록 자신이 선택한 직업에서 일하고자 하는 동기부여 정도로서 자신의 직종 또는 직업에 대한 일반적 태도인 경력몰입이 떨어진다고 유추해 볼 수 있다.

또한 근무부서더미2의 경우 경력몰입에 대해 부(-)의 방향으로 영향을 미치는 것으로 나타났다. 즉 식음료·조리부의 경우 객실 및 관리부에 비해 직장-가정갈등을 높게 지각할수록 경력몰입이 낮게 나타났다. 이는 객실 및 관리부에 비해 육체적인 피로와 고용에 대한 불확실성이 높아 이러한 결과가 나타난 것으로 사료해 볼 수 있다. 즉 대부분의 호텔기업의 경우 식음료시설 대비 영업이익금이 많이 발생하지 않는 이유로 업장의 폐쇄 및 아웃소싱의 형태로 경영형태를 전환하기 때문으로 사료해 볼 수 있으며 또한 결혼여부도 역시 경력몰입에 대해 부(-)의 방향으로 영향을 미치는 것으로 나타났다. 즉 미혼이 기혼보다 직장-가정갈등을 높게 지각할수록 경력몰입이 낮게 나타났다. 이는 미혼은 기혼에 비해 가정에 대한 책임이 기혼에 비해 덜하며 그로 인해 자신의 경력을 변경할 수 있는 기회 및 가정에 대한 책임이 기혼에 비해 낮기 때문에 이러한 결과가 나타난 것으로 사료해 볼 수 있다. 그리고 고용형태에 경우 근무부서 및 결혼여부와 달리 직장－가정갈등이 경력몰입에 정(＋)의 방향으로 영향을 미치는 것으로 나타났다. 즉 비정규직이 정규직에 비해 직장－가정갈등을 높게 지각할수록 경력몰입이 증가하는 것으로 볼 수 있다. 이러한 결과는 경력몰입이라는 것이 조직몰입과는 상반되는 것으로 자신이 현재 가지고 있는 직업과 관련된 분야에 대한 개인의 주관적이고 감정적인 애착으로 볼 수 있기 때문에 고용형태가 안정적인 정규직에 비해 불안정한 비정규직에서 자신이 살아남기 위해 경력목표를 세우고 더욱 자신의 개발에 매진하며 또한 조직에서 인정받고 이를 토대로 개인의 능력에 따른 보상을 받기 위해서는 직장－가정에 대한 갈등을 높게 지각하더라도 자신의 경력에 대해서는 높게 지각하는 것으로 사료해 볼 수 있다.

또한 추가적으로 근무부서, 결혼여부, 고용형태에 따른 조절효과를 검증하기 위해 근무부서더미2, 결혼여부더미, 고용형태더미와 직장－가정갈등의 상호작용항을 이용하여 추가분석을 실시하였다. 분석결과 근무부서더미2, 결혼여부더미, 고용형태더미 및 직장－가정갈등을 투입했을 때의 설명력(R^2)이 15.5%였던 것에 비해 근무부서더미2, 결혼여부더미, 고용형태더미와 직장－가정갈등의 상호작용항을 회귀식에 추가 투입함으로써 설명력이 0.2%로 증가하였다. 또한 이 설명력의 증분($\triangle R^2$)에 대한 F검증 결과 통계적으로 유의하게 나타났다. 하지만 t－값이 모두 통계적으로 유의한 영향을 미치지 않는 것으로 분석되었다(p>.05) 따라서 근무부서더미2, 결혼여부더미, 고용형태더미에 따라 직장－가정갈등이 경력몰입에 미치는 영향은 조절효과가 없는 것으로 볼 수 있다.

【표 4-19】 근무부서, 결혼여부, 고용형태의 조절효과

모형	비표준화계수 B	비표준화계수 표준오차	표준화계수 베타	t	유의확률	VIF
1 (상수)	3.066	.069		44.620	.000	
근무부서더미 2	-.293	.093	-.155	-3.156	.002	1.006
결혼여부더미	-.374	.095	-.209	-3.917	.000	1.182
고용형태더미	.479	.112	.228	4.275	.000	1.177
R^2 = .085 F = 11.742 유의확률 = .000						
2 (상수)	3.837	.153		25.036	.000	
근무부서더미 2	-.216	.090	-.115	-2.388	.017	1.030
결혼여부더미	-.364	.092	-.204	-3.960	.000	1.182
고용형태더미	.466	.108	.222	4.324	.000	1.178
직장-가정갈등	-.272	.049	-.267	-5.576	.000	1.025
R^2 = .155 F = 17.280 유의확률 = .000						
3 (상수)	3.971	.239		16.643	.000	
근무부서더미 2	-.185	.320	-.098	-.579	.563	2.813
결혼여부더미	-.571	.314	-.320	-1.818	.070	3.753
고용형태더미	.301	.379	.143	.794	.428	4.460
직장-가정갈등	-.317	.079	-.311	-3.998	.000	2.696
부서더미2X직장-가정갈등	-.023	.203	-.020	-.112	.911	4.242
결혼더미2X직장-가정갈등	.141	.206	.127	.683	.495	5.394
고용더미2X직장-가정갈등	.112	.250	.082	.449	.654	4.885
R^2 = .157 F = 9.963 유의확률 = .000						

근무부서더미 2: 객실:0, 식음료·조리:1, 관리:0
결혼여부더미: 기혼:0, 미혼:1
고용형태더미: 정규직:0, 비정규직:1
*: p<.05 ** p<.01 *** p<.001

【표 4-20】 직장-가정갈등과 경력몰입과의 관계에 대한 회귀분석

모형	비표준화계수		표준화계수	t	유의확률	VIF
	B	표준오차	베타			
1 (상수)	3.166	.211		15.022	.000	
연령더미	.106	.141	.049	.752	.453	1.717
학력더미	-.059	.096	-.033	-.617	.537	1.177
근무부서더미 1	-0.039	.116	-.019	-.341	.733	1.257
근무부서더미 2	-.312	.105	-.166	-2.968**	.003	1.282
결혼여부더미	-.310	.110	-.173	-2.830**	.005	1.549
고용형태더미	.446	.143	.213	3.119**	.002	1.915
근속기간더미 1	-.189	.164	-.105	-1.155	.249	3.437
근속기간더미 2	-.097	.208	-.053	-.467	.641	5.289
직급더미 1	.086	.121	.043	.716	.474	1.467
직급더미 2	.000	.170	.000	-.003	.998	1.693
$R^2 = .098$ F = 4.040 유의확률 = .000						
2 (상수)	3.902	.244		16.009	.000	
연령더미	.017	.137	.008	.121	.903	1.742
학력더미	-.031	.092	-.017	-.332	.740	1.181
근무부서더미 1	.030	.112	.014	.269	.788	1.274
근무부서더미 2	-.209	.103	-.111	-2.028*	.043	1.327
결혼여부더미	-.315	.106	-.176	-2.981**	.003	1.549
고용형태더미	.437	.138	.208	3.173**	.002	1.915
근속기간더미 1	-.188	.158	-.105	-1.191	.234	3.437
근속기간더미 2	-.074	.200	-.040	-.367	.713	5.292
직급더미 1	.109	.116	.054	.935	.351	1.468
직급더미 2	.039	.164	.015	.239	.811	1.696
직장-가정갈등	-.272	.050	-.267	-5.460***	.000	1.063
$R^2 = .165$ F = 6.667 유의확률 = .000						

연령더미: 40대 미만:0, 40대 이상:1   학력더미: 전문대졸 미만:0, 전문대졸 이상:1
근무부서더미 1: 객실:1, 식음료·조리:0, 관리:0   근무부서더미 2: 객실:0, 식음료·조리:1, 관리:0
결혼여부더미: 기혼:0, 미혼:1   고용형태더미: 정규직:0, 비정규직:1
직급더미 1: 사원:0, 주임·계장:1, 과장 이상:0   직급더미 2: 사원:0, 주임·계장:0, 과장 이상:1
근속기간더미 1: 1년 미만:0, 1~7년:1, 8년 이상:0   근속기간더미 2: 1년 미만:0, 1~7년:0, 8년 이상:1
*: p<.05 ** p<.01 *** p<.001

4. 가설 4의 검증

본 연구의 가설4는 직무특성과 직장-가정갈등 간의 관계에 있어 성별의 조절효과를 규명하기 위한 것이다. 이러한 연구목적을 달성하기 위하여 각각의 가설에 따른 인과관계를 회귀분석을 통하여 검증하고자 하였으며 그 결과는 다음과 같다.

가설 4. 직무특성이 직장-가정 갈등에 미치는 영향은 성별에 따라 다르게 나타날 것이다.
가설 4-1. 근무시간이 직장-가정 갈등에 미치는 영향은 성별에 따라 다르게 나타날 것이다.
가설 4-2. 고용불안정성이 직장-가정 갈등에 미치는 영향은 성별에 따라 다르게 나타날 것이다.
가설 4-3. 직무스트레스가 직장-가정 갈등에 미치는 영향은 성별에 따라 다르게 나타날 것이다.

먼저 성별에 따른 직무특성과 직장-가정갈등의 관계를 검증하기 위해 독립변수로 직무특성과 종속변수로 직장-가정갈등을 그리고 조절변수로 성별을 투입하여 가설4를 검증하고자 한다.

이를 검증하기 위해서 먼저 독립변수들과 직장-가정갈등과의 관계를 보는 1차적인 회귀분석을 실시하였고. 그 결과에 성별이라는 조절변수를 각각 추가하여 조절회귀분석(moderated regression analysis)을 실시하였다.

조절회귀분석은 먼저 조절변수 없이 회귀분석을 실시한 후 다음으로 조절변수를 포함하여 추가적인 회귀분석을 실시한다. 그리고 세 번째는 곱 모형으로 독립변수를 각각에 조절변수를 곱한 다음 항목을 추가하여 회귀분석을 실시한다. 곱 모형에서 상호작용항만 유의적이라면 순수 조절변수라고 볼 수 있으며 상호작용과 조절변수가 둘 다 유의적이라면 유사조절변수이다. 또한 조절변수만 유의적이라면 이는 조절변수라기보다는 독립변수로 보아야 할 것이며 상호작용항과 둘 다 유의적이지 못하면 조절변수는 그다지 중요하지 않는 변수로 볼 수 있다.

또한 조절효과 검증을 하기에 앞서 성별에 따른 직장-가정갈등의 차이가 어느 정도인지 보기 위해 T-검증을 수행하였고 그 결과 【표 4-21】과 같이 나타났다.

T-검증 결과 여성이 남성보다 직장-가정갈등을 높게 지각하는 것으로 나타났으며 이 차이는 유의수준 .001에서 유의한 것으로 나타났다. 이러한 연구결과는 선행연구(Duxbury & Higgins, 1991; Greenhaus et al., 1989; Vandenheuvel & Wooden, 1995; Parasuraman et al, 1996; Konrad et al., 2000; Boyar et al., 2005)와 일치하는 것으로 이는 여성이 남성에 비해 성 역할을 부여받고 있기 때문이다.

【표 4-21】 성별에 따른 직장-가정갈등의 t-test 결과

	표본	평균	표준편차	t	유의확률
남	239	2.7992	.8549	-4.022	.000
여	144	3.1644	.8701		

성별에 따라 직무특성이 직장-가정갈등에 미치는 영향을 파악하기 위해 조절회귀분석을 실시하였는데 본 연구에서 사용하고 있는 성별은 범주형 척도이므로 이를 회귀식에 투입하기 위하여 더미(Dummy)변수화하여 분석을 수행하였다. 조절효과를 검증한 결과【표 4-22】와 같이 나타났다.

조절변수로 가정된 성별은 직무특성이라는 독립변수에서는 고용불안정이 유의한 것으로 나타났으며(p<.05) 또한 상호 작용 항을 투입하였을 경우에도 유의한 것으로 나타났다.(p<.05) 따라서 성별은 유의수준 .05에서 고용불안정과 직장-가정갈등과의 관계에서 조절적 효과가 있는 것으로 볼 수 있다.

하지만 근무시간, 직무스트레스와 성별의 조절변수의 t-값이 모두 통계적으로 유의한 영향을 미치지 않는 것으로 분석되었다(p>.05). 따라서 가설 4는 부분적으로 채택되었다.

【표 4-22】 성별 조절효과에 대한 조절회귀분석

모형	비표준화 계수		표준화계수	t	유의 확률
	B	표준오차	베타		
1 (상수)	.947	.167		5.684	.000
근무시간	.264	.040	.308	6.585***	.000
직무스트레스	.221	.061	.174	3.631***	.000
고용불안	.247	.048	.249	5.202***	.000
R^2=.310 F=56.812 p=.000					
2 (상수)	.747	.165		4.516	.000
근무시간	.256	.039	.298	6.596***	.000
직무스트레스	.254	.059	.200	4.297***	.000

모형	비표준화 계수		표준화계수	t	유의 확률
	B	표준오차	베타		
고용불안	.242	.046	.244	5.278***	.000
성별더미*	.397	.075	.220	5.296***	.000
$R^2 = .358$ F $= 52.662$ p $= .000$					
3 (상수)	.581	.208		2.800	.005
근무시간	.262	.049	.305	5.373***	.000
직무스트레스	.237	.079	.186	3.012**	.003
고용불안	.314	.057	.316	5.479***	.000
성별더미*	.864	.330	.477	2.616**	.009
성별더미X근무시간	-.026	.161	-.022	-.164	.870
성별더미X직무스트레스	.083	.238	.062	.350	.727
성별더미X고용불안정	-.396	.191	-.320	-2.073*	.039
$R^2 = .367$ F $= 30.997$ p $= .000$					

성별더미: 남성:0 여성:1
*: p<.05 ** p<.01 *** p<.001

　추가적으로 고용불안정과 직장－가정갈등의 관계에서 성별의 조절효과 방향을 구체적으로 알아보기 위해 그래프를 작성하여 조절형태를 분석하였다. 표준회귀분석에서 고용불안정이 직장－가정갈등에 주 효과를 주는 것으로 나타났고 조절회귀분석에 의하여 고용불안정과 상호작용효과를 보이는 것으로 밝혀진 성별에 대해서는 그래프를 작성하여 조절효과를 분석하였다. 구체적으로 성별로 고용불안정을 독립변수로 직장－가정갈등을 종속변수로 하는 단순회귀분석을 실시하였고 이러한 단순회귀분석으로부터 얻어진 회귀식을 이용하여 독립변수인 고용불안정을 X축으로 종속변수인 직장－가정갈등을 Y축으로 하는 그래프에 성별에 따라 분류된 두 집단의 회귀선을 그린 뒤 그 조절형태를 분석하였다. 분석결과는 【그림 4-2】와 같다. 【그림 4-2】에서 보는 바와 같이 여성이 남성에 비해 높은 직장-가정갈등을 보이고 있으며 고용불안정이 직장-가정갈등에 미치는 영향도 여성에서 더 큰 것으로 나타났다. 이는 기존의 선행연구의 결과와 다르게 나타난 것으로 일반적으로 여성에 비해 남성이 주로 생계책임자로서의 역할을 수행하거나 생계책임자로서의 그 비중이 크기 때문에 고용불안정성과 관련하여 직장-가정갈등이 더 높게 나타났다. 하지만 본 연구에서는 여성의 사회적 진출, 미혼 및 이혼의 증가로 인해 여성들의 경제적 참여와 지위 상승으로 인해 남성들과 마찬가지로 생계책임자로서 역할을 수행하게 되었고 또한 남성에 비해 육체적으로나 심리적 소진측면에서 낮기 때문에 고용에 대한 안정을 우선시하기 때문에 이러한 연구결과가 도출된 것으로 사료된다.

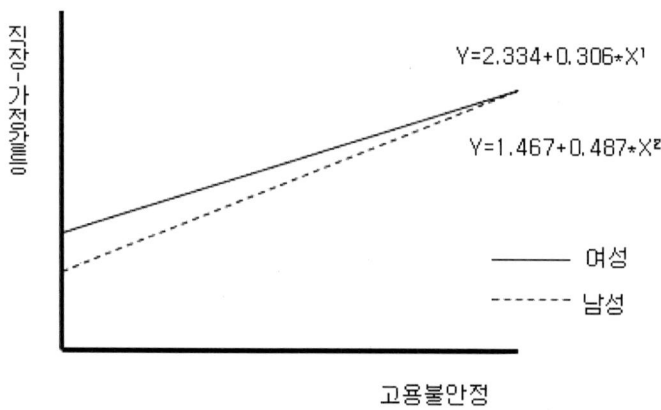

【그림 4-2】 고용불안정과 직장-가정갈등에 대한 성별의 조절효과

5. 가설 5의 검증

본 연구의 가설5는 직장-가정갈등과 조직 및 경력몰입의 관계에 있어 사회적 지원의 조절효과를 규명하기 위한 것이다. 이러한 연구 목적을 달성하기 위하여 각각의 가설에 따른 인과관계를 회귀분석을 통하여 검증하고자 하였으며 그 결과는 다음과 같다.

가설 5. 직장-가정 갈등이 조직몰입과 경력몰입에 미치는 영향은 사회적 지원에 따라 다르게 나타날 것이다.
가설 5-1. 직장-가정 갈등이 조직몰입에 미치는 영향은 사회적 지원에 따라 다르게 나타날 것이다.
가설 5-2. 직장-가정 갈등이 경력몰입에 미치는 영향은 사회적 지원에 따라 다르게 나타날 것이다.

1) 직장-가정갈등과 조직몰입의 관계에 있어 사회적 지원의 조절효과

직장-가정갈등 및 사회적 지원을 투입했을 때의 설명력(R^2)이 19.8%였던 것에 비해 직장-가정갈등과 사회적 지원의 상호작용항을 회귀식에 추가 투입함으로써 설명력이 23.8%로 증가하였다. 또한 이 설명력의 증분($\triangle R^2$)에 대한 F검증 결과 통계적으로 유의하게 나타났다. 즉 상호작용 효과가 유의미함을 확인할 수 있는 것이다. 하지만 사회적 지원 중 상사의 지원만이 통계적으로 유의하게 나타났으며 동료의 지원과 조직의 지원의 경우 이러한 상호작용 효과는 통계적으로 유의하게 나타나지 않았다.(p>.05) 특히 사회적 지원 중 상사의 지원이 직장-가정갈등을 감소시키고 조직몰입을 증가시키는 완충효과보다는 역완충효과를 보이는 것으로 나타났다. 따라서 가설 5-1은 부분적으로 채택되었다. 이러한 연구결과는 사회적 지원의 역완충효과로 볼 수 있다.

특히 상사의 지원의 경우 이러한 결과가 나타났는데 이는 자신이 직장과 가정에서 발생한 갈등에 대해 숨기고 싶어 하는 심리상태와 결부지어 볼 수 있다. 즉 직장과 가정에 대한 갈등을 말할 경우 인사고과나 중요한 업무가 주어지지 않을 수 있다는 불안감에 의해 이러한 결과가 나타난 것으로 볼 수 있다. 특히 이러한 연구결과와 관련된 선행연구를 살펴보면 먼저 LaRocco et al.(1980)의 연구결과 상사의 지원이 직무과다, 역할모호성이라는 직무스트레스요인과 직무불만족, 직무과부하불만족, 권태 간의 관계에서 역완충효과를 보이는 것으로 나타났으며 Kaufman & Beehr(1982)의 연구에서도 직무모호성 및 역할갈등과 심리적 긴장의 관계에서 상사와 동료의 지원 모두가 역완충효과를 보임을 보고하였으며 Beehr(1976) 역시 동료 및 작업집단의 지원이 역할모호성과 직무불만족 간의 관계를 오히려 강화시킨다고 주장하였다. 또한 Blau(1981)의 연구에서도 역할스트레스요인과 성과 간의 관계에서 상사의 지원이 역완충효과를 가진다고 결론 내렸으며 Kaufman(1981)은 심리적 긴장에 대한 스트레스의 영향에 도구적 지원이 역완충효과를 나타낸다고 하였다. 이 밖에도 Abdel-Halim(1982), Kobasa & Puccetti(1983)의 연구에서도 이와 유사한 사회적 지원의 역완충효과가 발견되었다.

이렇듯 역완충효과의 존재는 사회적 지원이 조직구성원 개개인에게 사회적 지원 자체가 스트레스의 원천으로 지각될 수도 있다는 점에서 그 논리적 근거를 찾을 수 있는데 이는 연구의 대상이 되는 개인들의 특성에 의해 사회적 지원의 효과가 다르게 나타난다고 볼 수 있다. 즉 생활에서 일어나는 중요한 사건이 내적통제 위치를 가진 사람들의 침울 및 걱정에 미치는 영향은 사회적 지원에 의해 완충되었지만 외적 통제의 위치를 가진 사람들의 경우는 그렇지 않다는 것이다.(Sandler & Lakey, 1982) 따라서 정서적 지원은 강화하고 도구적 지원은 줄임으로써 이러한 역완충효과가 발생하지 않도록 하여야 할 것이다.

【표 4-23】 사회적 지원 조절효과에 대한 조절회귀분석(조직몰입)

모형	비표준화 계수		표준화계수	t	유의 확률
	B	표준오차	베타		
1 (상수)	3.345	.148		22.587	.000
직장-가정갈등	-.019	.048	-.020	-1.387*	.045
$R^2 = .015$ F = 3.150 p = .005					
2 (상수)	1.216	.262		4.647	.000
직장-가정갈등	-.132	.045	-.139	-2.914**	.004
상사의 지원	.193	.060	.193	3.214**	.001
동료의 지원	.116	.061	.112	1.887	.060
조직의 지원	.260	.057	.252	4.545***	.000
$R^2 = .198$ F = 23.396 p = .000					
3 (상수)	-.964	.601		-1.605	.109
직장-가정갈등	-.895	.196	-.948	-4.577***	.000
상사의 지원	.678	.188	.679	3.614***	.000

모형	비표준화 계수		표준화계수	t	유의확률
	B	표준오차	베타		
동료의 지원	.247	.196	.238	1.260	.208
조직의 지원	.261	.182	.253	1.429	.154
직장-가정갈등X상사의 지원	-.324	118	-.708	-2.745**	.006
직장-가정갈등X동료의 지원	-.105	.124	-.238	-.851	.395
직장-가정갈등X조직의 지원	-.099	.120	-.016	-.072	.942
$R^2 = .238$ F = 16.703 p = .000					

*: p<.05 ** p<.01 *** p<.001

2) 직장-가정갈등과 경력몰입의 관계에 있어 사회적 지원의 조절효과

직장-가정갈등 및 사회적 지원을 투입했을 때의 설명력(R^2)이 26.2%였던 것에 비해 직장-가정갈등과 사회적 지원의 상호작용항을 회귀식에 추가 투입함으로써 설명력이 26.6%로 증가하였다. 또한 이 설명력의 증분($\triangle R^2$)에 대한 F검증 결과 통계적으로 유의하게 나타났다. 즉 상호작용 효과가 유의미함을 확인할 수 있는 것이다.

하지만 사회적 지원 중 조직의 지원만이 통계적으로 유의하게 나타났으며 상사의 지원과 동료의 지원의 경우 이러한 상호작용 효과는 통계적으로 유의하게 나타나지 않았다.(p>.05) 특히 사회적 지원 중 조직의 지원이 직장-가정갈등을 감소시키고 경력몰입을 증가시키는 완충효과보다는 역완충효과를 보이는 것으로 나타났다. 따라서 가설 5-2는 부분적으로 채택되었다. 이러한 연구결과는 사회적 지원이 직장-가정갈등을 증가시키며 동시에 경력몰입을 감소시킨다고 사료해 볼 수 있다.

일반적으로 조직지원이라는 것은 조직이 조직구성원의 개인에 대하여 애착을 갖고 조직구성원의 복지를 위해 노력하는 것을 의미하므로 지원적인 조직분위기에서 종사원은 격려받을 수 있으며 또한 종사원이 자신의 능력을 평가하고 향상시키게 도와줌으로써 노동시장에서 경쟁력을 유지하도록 도와줄 수 있으나 급격하게 변화하는 호텔기업의 고용환경의 변화로 인해 개개인의 환경을 이해하기보다는 이를 악용할 수 있다고 인지하거나 조직의 지원에 대해 충분하다고 않다고 인지하기 때문에 이러한 결과가 나타난 것으로 볼 수 있다. 이는【표 4-24】에서 보듯이 조직의 지원에 대한 평균값이 다른 지원에 비해 낮게 나타나는 것으로 통해 알 수 있다.

따라서 개인의 특성에 맞는 사회적 지원과 특히 정서적 지원을 통해 직장-가정갈등의 감소와 더불어 경력몰입을 높일 수 있도록 조직의 지원을 하여야 할 것이다.

【표 4-24】 사회적 지원의 기술통계

변수	표본수	평균값	표분편차
상사의 지원	383	3.383	.829
동료의 지원	383	3.560	.798
조직의 지원	383	2.819	.803

【표 4-25】 사회적 지원 조절효과에 대한 조절회귀분석(경력몰입)

모형	비표준화 계수		표준화계수	t	유의 확률
	B	표준오차	베타		
1 (상수)	3.766	.153		24.588	.000
직장-가정갈등	-.297	.050	-.291	-5.944***	.000
$R^2 = .085$ F $= 35.328$ p $= .000$					
2 (상수)	1.896	.271		6.983	.000
직장-가정갈등	-.177	.047	-.174	-3.782***	.000
상사의 지원	.100	.062	.092	1.601	.110
동료의 지원	.014	.064	.012	.213	.831
조직의 지원	.436	.059	.391	7.352***	.000
$R^2 = .262$ F $= 33.573$ p $= .000$					
3 (상수)	2.593	.637		4.068	.000
직장-가정갈등	-.423	.207	-.414	-20.038*	.042
상사의 지원	.140	.199	.130	.706	.481
동료의 지원	-.177	.208	-.158	-.850	.396
조직의 지원	.358	.193	.321	1.849*	.045
직장-가정갈등X상사의 지원	-.026	.125	-.052	-.206	.837
직장-가정갈등X동료의 지원	-.113	.131	-.235	-.856	.392
직장-가정갈등X조직의 지원	-.057	.128	-.096	-1.448*	.048
$R^2 = .266$ F $= 19.380$ p $= .000$					

*: $p<.05$ ** $p<.01$ *** $p<.001$

6. 인적속성과 직무특성의 조절효과분석

본 연구에서는 추가적으로 인구통계학적 특성에 따라 직무특성이 직장-가정갈등에 미치는 영향을 파악하기 위해 가설 4와 같이 인구통계학적 특성(학력, 연령, 고용형태, 근속기간, 직급, 결혼여부)에 대한 조절회귀분석을 실시하였다.

먼저 학력에 따라 직무특성이 직장-가정갈등에 미치는 영향을 분석한 결과【표 4-26】과 같이 나타났으며 조절변수로 가정된 학력은 조절변수의 t-값이 모두 통계적으로 유의한 영향을 미치지 않는 것으로 분석되었다(p>.05). 따라서 학력의 조절효과는 없는 것으로 나타났다.

【표 4-26】 학력 조절효과에 대한 조절회귀분석

모형	비표준화 계수		표준화계수	t	유의 확률
	B	표준오차	베타		
1 (상수)	.947	.167		5.684	.000
근무시간	.264	.040	.308	6.585***	.000
직무스트레스	.221	.061	.174	3.631***	.000
고용불안	.247	.048	.249	5.202***	.000
$R^2 =.310$ F =56.812 p =.000					
2 (상수)	.885	.170		5.219	.000
근무시간	.271	.040	.316	6.750***	.000
직무스트레스	.208	.061	.164	3.409***	.001
고용불안	.250	.047	.252	5.283***	.000
학력더미	.140	.075	.080	1.856	.064
$R^2 =.316$ F =43.745 p =.000					

모형	비표준화 계수		표준화계수	t	유의확률
	B	표준오차	베타		
3 (상수)	.887	.227		3.901	.000
근무시간	.277	.055	.322	5.046***	.000
직무스트레스	.157	.082	.123	1.903	.058
고용불안	.292	.064	.294	4.591***	.000
학력더미	.126	.334	.072	.377	.705
학력더미X근무시간	-.025	.161	-.022	-.158	.875
학력더미X직무스트레스	.232	.246	.189	.943	.346
학력더미X고용불안정	-.190	.191	-.160	-.993	.321
$R^2 = .319$ F $= 25.102$ p $= .000$					

학력더미: 전문대졸 미만:0, 전문대졸 이상:1

*: p<.05 ** p<.01 *** p<.001

다음으로 고용형태에 따라 직무특성이 직장-가정갈등에 미치는 영향을 분석한 결과【표 4-27】과 같이 나타났으며 조절변수로 가정된 고용형태는 조절변수의 t-값이 모두 통계적으로 유의한 영향을 미치지 않는 것으로 분석되었다(p>.05). 따라서 고용형태의 조절효과는 없는 것으로 나타났다.

【표 4-27】 고용형태 조절효과에 대한 조절회귀분석

모형	비표준화 계수		표준화계수	t	유의 확률
	B	표준오차	베타		
1 (상수)	.947	.167		5.684	.000
근무시간	.264	.040	.308	6.585***	.000
직무스트레스	.221	.061	.174	3.631***	.000
고용불안	.247	.048	.249	5.202***	.000
R^2=.310 F=56.812 p=.000					
2 (상수)	.917	.171		5.363	.000
근무시간	.262	.040	.305	6.517***	.000
직무스트레스	.224	.061	.176	3.675***	.000
고용불안	.251	.048	.253	5.256***	.000
고용형태더미	.073	.089	.035	.821	.412
R^2=.311 F=42.741 p=.000					
3 (상수)	.828	.197		4.211	.000
근무시간	.264	.044	.308	6.011***	.000
직무스트레스	.249	.068	.196	3.673***	.000
고용불안	.257	.053	.259	4.839***	.000
고용형태더미	.413	.373	.201	1.090	.277
고용형태더미X근무시간	-.007	.222	-.005	-.034	.973
고용형태더미X직무스트레스	-.237	.319	-.152	-.742	.459
고용형태더미X고용불안정	-.019	.251	-.013	-.077	.939
R^2=.313 F=24.426 p=.000					

고용형태더미: 정규직:0, 비정규직:1
*: p<.05 ** p<.01 *** p<.001

다음으로 연령에 따라 직무특성이 직장-가정갈등에 미치는 영향을 분석한 결과 【표 4-28】과 같이 나타났으며 조절변수로 가정된 연령 조절변수의 t-값이 모두 통계적으로 유의한 영향을 미치지 않는 것으로 분석되었다(p>.05). 따라서 연령의 조절효과는 없는 것으로 나타났다.

【표 4-28】 연령 조절효과에 대한 조절회귀분석

모형	비표준화 계수 B	비표준화 계수 표준오차	표준화계수 베타	t	유의 확률
1 (상수)	.947	.167		5.684	.000
근무시간	.264	.040	.308	6.585***	.000
직무스트레스	.221	.061	.174	3.631***	.000
고용불안	.247	.048	.249	5.202***	.000
$R^2 =.310$ F $=56.812$ p $=.000$					
2 (상수)	.988	.169		5.843	.000
근무시간	.246	.042	.286	5.816***	.000
직무스트레스	.227	.061	.179	3.733***	.000
고용불안	.255	.048	.257	5.331***	.000
연령더미	-.132	.097	-.062	-1.370	.172
$R^2 =.314$ F $=43.176$ p $=.000$					
3 (상수)	1.056	.191		5.519	.000
근무시간	.289	.049	.337	5.919***	.000
직무스트레스	.186	.072	.147	2.589**	.010
고용불안	.223	.056	.224	3.976***	.000
연령더미	-.480	.388	-.224	-1.237	.217
연령더미X근무시간	-.330	.194	-.193	-1.699	.090
연령더미X직무스트레스	.284	.270	.185	1.049	.295
연령더미X고용불안정	.265	.214	.185	1.236	.217
$R^2 =.322$ F $=25.440$ p $=.000$					

연령더미: 40대 미만:0, 40대 이상:1
*: p<.05 ** p<.01 *** p<.001

다음으로 결혼여부에 따라 직무특성이 직장-가정갈등에 미치는 영향을 분석한 결과【표 4-29】와 같이 나타났으며 조절변수로 가정된 결혼여부 조절변수의 t-값이 모두 통계적으로 유의한 영향을 미치지 않는 것으로 분석되었다(p>.05). 따라서 결혼여부의 조절효과는 없는 것으로 나타났다.

【표 4-29】 결혼여부 조절효과에 대한 조절회귀분석

모형	비표준화 계수 B	비표준화 계수 표준오차	표준화계수 베타	t	유의확률
1 (상수)	.947	.167		5.684	.000
근무시간	.264	.040	.308	6.585***	.000
직무스트레스	.221	.061	.174	3.631***	.000
고용불안	.247	.048	.249	5.202***	.000
R^2 =.310 F =56.812 p =.000					
2 (상수)	.881	.175		5.039	.000
근무시간	.258	.040	.301	6.405***	.000
직무스트레스	.228	.061	.179	3.733***	.000
고용불안	.253	.048	.255	5.308***	.000
결혼여부더미	.096	.076	.055	1.265	.207
R^2 =.313 F =43.076 p =.000					
3 (상수)	.696	.245		2.842	.005
근무시간	.266	.055	.310	4.860***	.000
직무스트레스	.280	.081	.220	3.435***	.001
고용불안	.261	.064	.263	4.089***	.000
결혼여부더미	.453	.338	.258	1.340	.181
결혼여부더미X근무시간	-.041	.163	-.307	-.251	.802
결혼여부더미X직무스트레스	-.218	.252	-.171	-.863	.389
결혼여부더미X고용불안정	-.008	.197	-.006	-.040	.968
R^2 =.315 F =24.690 p =.000					

결혼여부더미: 기혼:0, 미혼:1
*: p<.05 ** p<.01 *** p<.001

다음으로 근무부서에 따라 직무특성이 직장－가정갈등에 미치는 영향을 분석한 결과【표 4－30】과 같이 나타났으며 조절변수로 가정된 근무부서2는 직무특성이라는 독립변수에서는 직무스트레스만이 유의한 것으로 나타났으며(p<.01) 또한 상호 작용 항을 투입하였을 경우에도 유의한 것으로 나타났다.(p<.01) 따라서 근무부서2는 유의 수준 .01에서 직무스트레스와 직장－가정갈등과의 관계에서 조절적 효과가 있는 것으로 볼 수 있다. 또한 근무부서1과 근무시간의 곱 모형에서 상호작용항만이 유의적으로 나타나 순수 조절효과를 보이는 것으로 나타났다.

【표 4－30】 근무부서 조절효과에 대한 조절회귀분석

모형	비표준화 계수		표준화계수	t	유의확률
	B	표준오차	베타		
1 (상수)	.947	.167		5.684	.000
근무시간	.264	.040	.308	6.585***	.000
직무스트레스	.221	.061	.174	3.631***	.000
고용불안	.247	.048	.249	5.202***	.000
$R^2 = .310$ F = 56.812 p = .000					
2 (상수)	.815	.170		4.804	.000
근무시간	.238	.040	.277	5.898***	.000
직무스트레스	.246	.061	.193	4.047***	.000
고용불안	.246	.047	.248	5.218***	.000
근무부서더미1	.168	.096	.082	1.746	.082
근무부서더미2	.301	.087	.163	3.464**	.001
$R^2 = .332$ F = 37.415 p = .000					

모형	비표준화 계수		표준화계수	t	유의 확률
	B	표준오차	베타		
3 (상수)	.598	.251		2.384	.018
근무시간	.267	.061	.311	4.367***	.000
직무스트레스	.374	.087	.295	4.279***	.000
고용불안	.169	.071	.170	2.393*	.017
근무부서더미1	.746	.412	.364	1.811	.071
근무부서더미2	.438	.376	.237	1.164	.245
근무부서더미1X근무시간	-.460	.201	-.347	-2.294*	.022
근무부서더미1X직무스트레스	-.087	.326	-.057	-.267	.790
근무부서더미1X고용불안정	.148	.242	.110	.614	.540
근무부서더미2X근무시간	.227	.186	.196	1.224	.222
근무부서더미2X직무스트레스	-.738	.270	-.551	-2.735**	.007
근무부서더미2X고용불안정	.369	.214	.289	1.726	.085

$R^2 = .363$ F = 19.234 p = .000

근무부서더미 1: 객실:1, 식음료·조리:0, 관리:0
근무부서더미 2: 객실:0, 식음료·조리:1, 관리:0
*: p<.05 ** p<.01 *** p<.001

다음으로 근속기간에 따라 직무특성이 직장-가정갈등에 미치는 영향을 분석한 결과【표 4-31】과 같이 나타났으며 조절변수로 가정된 근속기간은 상호작용항에서 통계적으로 유의하게 나타나지 않았으며 다만 조절변수만이 유의하게 나타났다. 따라서 근속기간은 조절효과를 보이는 것보다는 하나의 독립변수로 간주될 수 있다. 즉 근속기간을 독립변수로 보았을 때 근속기간은 직장-가정갈등에 음(-)의 방향으로 영향을 미치는 것으로 볼 수 있다.

【표 4-31】 근속기간 조절효과에 대한 조절회귀분석

모형	비표준화 계수 B	비표준화 계수 표준오차	표준화계수 베타	t	유의확률
1 (상수)	.947	.167		5.684	.000
근무시간	.264	.040	.308	6.585***	.000
직무스트레스	.221	.061	.174	3.631***	.000
고용불안	.247	.048	.249	5.202***	.000
$R^2 = .310$ F $= 56.812$ p $= .000$					
2 (상수)	1.079	.176		6.133	.000
근무시간	.264	.041	.308	6.446***	.000
직무스트레스	.234	.062	.184	3.807***	.000
고용불안	.259	.048	.261	5.437***	.000
근속기간더미1	-.244	.112	-.139	-2.190*	.029
근속기간더미2	-.229	.115	-.127	-1.985*	.048
$R^2 = .319$ F $= 35.392$ p $= .000$					
3 (상수)	1.475	.415		3.555	.000
근무시간	.136	.146	.158	.928	.354
직무스트레스	.255	.206	.201	1.242	.215
고용불안	.212	.138	.214	1.536	.126
근속기간더미1	-.493	.490	-.280	-1.007	.314
근속기간더미2	-.949	.493	-.528	-1.925	.055
근속기간더미1X근무시간	.374	.318	.246	1.175	.241
근속기간더미1X직무스트레스	-.215	.452	-.170	-.477	.634
근속기간더미1X고용불안정	.027	.315	.023	.086	.931
근속기간더미2X근무시간	.197	.315	.161	.624	.533
근속기간더미2X직무스트레스	.147	.449	.119	.327	.744
근속기간더미2X고용불안정	.193	.310	.165	.625	.533
$R^2 = .329$ F $= 16.528$ p $= .000$					

근속기간더미 1: 1년 미만:0, 1년-7년:1, 8년 이상:0
근속기간더미 2: 1년 미만:0, 1~7년:0, 8년 이상:1
*: p<.05 ** p<.01 *** p<.001

마지막으로 직급에 따라 직무특성이 직장-가정갈등에 미치는 영향을 분석한 결과 【표 4-32】와 같이 나타났으며 조절변수로 가정된 직급 조절변수의 t-값이 모두 통계적으로 유의한 영향을 미치지 않는 것으로 분석되었다(p>.05). 따라서 직급의 조절효과는 없는 것으로 나타났다.

【표 4-32】 직급 조절효과에 대한 조절회귀분석

모형	비표준화 계수 B	비표준화 계수 표준오차	표준화계수 베타	t	유의확률
1 (상수)	.947	.167		5.684	.000
근무시간	.264	.040	.308	6.585***	.000
직무스트레스	.221	.061	.174	3.631***	.000
고용불안	.247	.048	.249	5.202***	.000
$R^2 =.310$ F$=56.812$ p$=.000$					
2 (상수)	.950	.167		5.685	.000
근무시간	.258	.041	.301	6.315***	.000
직무스트레스	.233	.063	.183	3.715***	.000
고용불안	.250	.048	.252	5.204***	.000
직급더미1	-.047	.089	-.024	-.528	.597
직급더미2	-.094	.119	-.036	-.796	.427
$R^2 =.312$ F$=34.124$ p$=.000$					
3 (상수)	1.178	.206		5.711	.000
근무시간	.232	.056	.271	4.138***	.000
직무스트레스	.169	.090	.133	1.871	.062
고용불안	.253	.066	.255	3.824***	.000
직급더미1	-.625	.402	-.315	-1.554	.121
직급더미2	-1.029	.647	-.395	-1.589	.113
직급더미1X근무시간	.126	.179	.097	.704	.482

모형	비표준화 계수		표준화계수	t	유의 확률
	B	표준오차	베타		
직급더미1X직무스트레스	.223	.292	.159	.762	.447
직급더미1X고용불안정	.075	.234	.059	.320	.749
직급더미2X근무시간	.077	.294	.040	.260	.795
직급더미2X직무스트레스	.538	.398	.316	1.351	.178
직급더미2X고용불안정	.041	.300	.023	.138	.891
$R^2 = .320$ $F = 15.843$ $p = .000$					

직급더미 1: 사원:0, 주임 · 계장:1, 과장 이상:0
직급더미 2: 사원:0, 주임 · 계장:0, 과장 이상:1
*: p<.05 ** p<.01 *** p<.001

이러한 결과는 연구결과에 대한 일반화 가능성에 대한 한계로 볼 수 있다.

제**5**장

결 론

제1절 연구결과의 요약 및 시사점

1. 연구결과의 요약

전통적인 성역할, 가치관, 가족형태, 라이프스타일 등의 사회 환경 변화에 따라서 가정생활 및 개인적 생활의 중요성이 부각되고 또한 직장생활과 가정생활사이의 균형에 대한 관심이 높아지고 있다. 하지만 개인이 여가생활과 가정생활에 더 많은 비중을 두고 생활하려 하지만 직장에서의 너무 광범위하고 시간적인 측면에 있어서 역할과 부하로 인해 직장과 가정 사이에 갈등이 발생되고 있다. 이러한 갈등은 근로자의 가정문제가 단순히 사생활에 머무르는 것이 아니라 궁극적으로 직장생활에도 영향을 미칠 수 있음을 의미한다.

실질적으로 직장과 가정생활이 서로 갈등적이고 이에 잘 대처하지 못할 때 직무수행저하, 결근율 증가 등 직장에서의 부정적인 영향뿐만 아니라 가정생활의 불안정성과 파탄을 초래할 수도 있으며 더 나아가 삶의 질이 저하될 가능성이 크다. 따라서 직장-가정갈등은 조직연구자들에게 중요한 주제가 되어왔으며 더불어 직장과 가정에서의 역할 요구들 간의 균형 잡기는 개인뿐만 아니라 조직에게도 중요한 도전이며 인적자원개발과 관련된 국가정책의 측면에서 그 중요성이 증대되고 있는 추세이다.

따라서 본 연구에서는 직장-가정갈등과 관련하여 기존연구에서 다루지 않았던 부분들과 제한적으로 연구되어왔던 부분들에 대한 추가적인 연구를 수행하고자 한다. 특히 본 연구에서는 서비스기업 중 호텔기업에 종사하는 종사원을 대상으로 본 연구를 수행하고자 한다. 이는 인적자원의 역할과 기업성과 간의 관계가 다른 산업들에 비해 더 밀접하기 때문이다.

이러한 연구배경을 바탕으로 문헌적 고찰을 통하여 직장-가정갈등 제 이론, 직장-가정갈등에 영향을 미치는 선행변수로서의 직무특성과 결과변수로서 조직몰입과 경력몰입에 대한 개념을 정리하고 이를 바탕으로 직무특성이 직장-가정갈등에 어떠한 영향을 미치며 또한 직장-가정갈등이 조직몰입 및 경력몰입에 어떠한 영향을 미치는지와 성별에 따라 직무특성이 직장-가정갈등에 어떠한 차이를 보이며 마지막으로 사회적 지원에 따라 직장-가정갈등이 조직 및 경력몰입에 어떠한 조절효과를 보이는지 실증적으로 분석하기 위해 서울에 위치한 특1·2급 호텔에 종사하는 종사원을 대상으로 설문지 총 450부를 배포하여 399부를 회수하였으며 최종적으로 383부를 이용하여 분석을 실시하였으며 수집된 자료는 SPSS WIN 12.0 통계패키지를 이용하여 빈도분석, 요인분석, 신뢰도분석, 상관관계분석, 다중회귀분석, t-test, 조절회귀분석 등의 통계분석을 이용하여 가설을 검증하였다. 실증분석결과 다음과 같은 연구결과가 도출 되었다.

첫째, 직무특성이 직장-가정갈등에 미치는 영향관계를 살펴본 결과 모든 직무특성 하위변수들이 유의한 상관관계를 가지고 있는 것으로 나타났다.

구체적으로 살펴보면 근무시간은 직장-가정갈등에 대해 정(+)의 방향으로 영향을 미쳤으며 근무시간의 회귀계수에 대한 t값은 5.475

로서 .001의 수준에서 유의하였다. 이는 곧 근무시간에 대해 높게 지각할수록 직장－가정갈등이 높아진다는 것을 증명하는 것이며 직무스트레스도 직장－가정갈등에 대해 정(＋)의 방향으로 영향을 미쳤으며 직무스트레스의 회귀계수에 대한 t값은 3.779로서 .001의 수준에서 유의하였다. 이는 곧 직무스트레스를 높게 받을수록 직장－가정갈등이 높아진다는 것을 증명하는 것이며 마지막으로 고용불안정도 직장－가정갈등에 대해 정(＋)의 방향으로 영향을 미쳤으며 고용불안정의 회귀계수에 대한 t값은 5.355로서 .001의 수준에서 유의하였다. 이는 곧 고용불안정을 높게 지각할수록 직장－가정갈등이 높아진다는 것을 증명하는 것이다.

둘째, 직장－가정갈등이 조직몰입에 미치는 영향관계를 검증한 결과 직장－가정갈등은 조직몰입에 대해 음(－)의 방향으로 영향을 미쳤으며 직장－가정갈등의 회귀계수에 대한 t값은 －1.825로서 .05의 수준에서 유의하였다. 이는 곧 직장－가정갈등이 높을수록 조직몰입이 감소한다는 것을 증명하는 것이다.

셋째, 직장－가정갈등이 경력몰입에 미치는 영향관계를 검증한 결과 직장－가정갈등은 경력몰입에 대해 음(－)의 방향으로 영향을 미쳤으며 직장－가정갈등의 회귀계수에 대한 t값은 －5.637로서 .001의 수준에서 유의하였다. 이는 곧 직장－가정갈등이 높을수록 경력몰입이 감소한다는 것을 증명하는 것이다.

넷째, 직무특성과 직장－가정갈등 간의 관계에 있어 성별의 조절효과를 검증한 결과 여성이 남성보다 직장－가정갈등을 높게 지각하는 것으로 나타났으며 또한 조절변수로 가정된 성별은 직무특성이라는 독립변수에서는 고용불안정이 유의한 것으로 나타났으며(p<.05)

상호 작용 항을 투입하였을 경우에도 유의한 것으로 나타났다.(p<.05) 따라서 성별은 유의수준 .05에서 고용불안정과 직장-가정갈등과의 관계에서 조절적 효과가 있는 것으로 볼 수 있다. 하지만 근무시간, 직무스트레스와 성별의 조절변수의 t-값이 모두 통계적으로 유의한 영향을 미치지 않는 것으로 분석되었다(p>.05).

마지막으로 직장-가정갈등과 조직 및 경력몰입의 관계에 있어 사회적 지원의 조절효과를 검증한 결과 조직몰입과의 관계에 있어서는 사회적 지원 중 상사의 지원만이 통계적으로 유의하게 나타났으며 동료의 지원과 조직의 지원의 경우 이러한 상호작용 효과는 통계적으로 유의하게 나타나지 않았으며(p>.05) 경력몰입과의 관계에 있어서는 사회적 지원 중 조직의 지원만이 통계적으로 유의하게 나타났으며 상사의 지원과 동료의 지원의 경우 이러한 상호작용 효과는 통계적으로 유의하게 나타나지 않았다.(p>.05)

2. 시사점

본 연구의 결과를 통해 얻은 시사점은 이론적인 측면과 실무적인 측면으로 나누어 볼 수 있다.

먼저 본 연구는 다음과 같은 이론적인 측면에서 시사점을 갖는다.

첫째, 기존의 직장-가정 갈등에 관한 연구는 주로 직장 내 영역 혹은 가정 내 영역과 직장-가정 갈등의 관계, 직장-가정갈등의 선행변수로서 구조적 특성과 심리적 특성에 관한 연구가 주를 이루었으며 직장－가정갈등의 결과변수와 관련해서는 직장생활·가정생활의 질, 직무·삶·가정생활·결혼생활의 만족도 등 주관적인 측면에 미치는 영향관계가 주를 이루었다. 하지만 직무차원에 대한 연구가 미비한 실정이었다. 본 연구에서는 이러한 제한적인 연구의 범위를 확대시켜 직무특성과 관련해서 직장－가정갈등에 영향을 미치는 직무관련변수와 직장－가정갈등의 결과 나타날 수 있는 직무특성과 관련된 조직구성원의 태도변수를 도출하였다.

둘째, 대부분의 연구들이 서구문화권을 중심으로 대부분의 연구가 이루어져왔으며 국내에서 이루어진 대부분의 연구는 전업주부나 취업여성을 대상으로 한 연구가 주를 이루었으며 남성을 포함한 일부의 연구가 이루어지기도 하였으나 직장－가정 갈등을 유발하는 직무관련요인들에 대한 연구접근이 제한적이었으며 연구대상 또한 일반기업에 종사하는 종사원들을 대상으로 하였다. 본 연구에서는 호텔기업에 종사하는 종사원을 대상으로 연구를 수행함과 동시에 남성을 포함하여 성별에 따른 차이를 검증함으로써 연구대상을 확대하였다.

셋째, 직장－가정 갈등에 대한 연구가 최근에 많이 이루어지고 있지만 조절효과에 대한 검증은 비교적 적은 편이다. 기존의 연구에서는 직무관련 갈등이 근로자의 직무태도에 미치는 효과를 조절하는 변인들에 대한 부분적인 연구는 이루어졌지만 직장과 가정에서 발생하는 갈등이 조직유효성에 미치는 영향을 조절하는 변인들에 대한 연구는 미비한 실정이다. 따라서 본 연구에서는 사회적 지원이라는 요인을 이용하여 조절효과를 살펴봄으로써 직장－가정갈등을 상쇄시킬 수 있는 변수를 도출하였다.

다음으로 본 연구의 결과를 통해 얻은 실무적인 시사점은 다음과 같다.

첫째, 근무시간(초과근무시간, 휴일근무, 야간근무)이 많을수록 직장－가정갈등이 높아지는 것으로 연구결과 나타났다. 따라서 이러한 문제들을 해결하기 위해 기업에서는 초과근무 및 휴일근무에 따른 보상의 강화 혹은 탄력적 근무시간제의 운영 등을 통하여 근무시간과 관련한 직장－가정갈등을 줄여야 할 것이다.

둘째, 직무스트레스를 많이 받을수록 직장－가정갈등이 높아지는 것으로 연구결과 나타났다. 따라서 기업에서는 조직차원의 스트레스 관리 프로그램, 훈련, 상담 등을 제공하여야 할 것이다. 즉 긴장 이완방법, 인지적 스트레스 관리방법, 시간관리방법, 태도변화의 다양한 방법들을 혼합하여 효율적인 대처 전략을 교육시켜야 할 것이다.

셋째, 고용불안정성을 높게 지각할수록 직장－가정갈등이 높아지는 것으로 연구결과 나타났다. 따라서 기업에서는 고용불안정성을 줄일 수 있는 정보의 제공이나 커뮤니케이션 활성화, 조직에 대한 신뢰감 형성과 더불어 불가피하게 조직구조를 변화시키거나 고용관계의 변화를 하고자 할 경우 이를 종업원들에게 변화에 대한 당위성과 배경에 대해 충분히 이해시켜야 하는 노력을 하여야 할 것이며 또한 종업원들이 고용불안정성에 대한 인식을 최소화시킬 수 있는 다각적인 방안을 모색하여야 할 것이다.

넷째, 여성이 남성에 비해 직장－가정갈등이 더 높은 것으로 나타났다. 따라서 직장여성들의 효과적인 업무 수행 및 만족을 촉진하는 여성 친화적 조직의 구성이 요구된다. 여성 친화적 조직이란 여성에게 개인, 일, 그리고 결혼 및 가정에서의 역할을 성공적으로 통합할

기회를 제공하는 조직으로(Cattaneo, Julian & Templer, 1994) 성차별 금지 정책, 교육 / 훈련 기회의 제공, 적극적인 동등의 기회 조치, 공식화된 HRM, 가족친화성, 유연한 작업설계, 부모역할에 대한 복리후생 등(Chiu & Ng, 1999; 2001)을 제공하는 조직이다. 더불어 조직 차원에서 출산 및 육아휴가제도의 정비, 노동시간의 단축, 탄력적인 근무제의 확대, 재택 근무 직종의 개발, 탁아시설의 확충 등 가족친화적 복지제도의 시행을 통해 여성의 직장-가정갈등을 완화시켜야 할 것이다.

제2절 연구의 한계 및 향후 연구방향

본 연구의 한계점 및 향후 연구방향은 다음과 같다.

첫째, 모든 설문지를 통한 표본조사에서 나타나는 한계점으로 설문지를 통한 자기보고에 의한 자료수집으로 인해 객관성을 확보하기가 어렵고 따라서 연구결과를 왜곡시킬 가능성이 있으며 본 연구는 설문지를 통한 계량적 분석에 국한되어 있기 때문에 개인의 경력에 관한 많은 면들이 설문지를 통해 측정될 수 없다는 한계를 인식할 때 질적인 연구가 병행되어야 할 것이다.

둘째, 연구결과에 대한 일반화 가능성에 대한 한계로 먼저 연구표본에 있어서 서울에 위치한 특1급과 특2급 호텔만을 대상으로 하였기 때문에 표본의 지역적 특성 및 일반화가 불가능하기 때문에 향후 연구에서는 지역 및 표본을 확대할 필요성이 있으며 또한 본 연구에서는 호텔종사원만을 대상으로 하였다. 따라서 향후 연구에서는 호텔기업과 다른 제조업이나 공기업 등을 대상으로 그 범위를 확대하여 연구가 이루어져야 할 것이다.

셋째, 본 연구에서는 직장－가정갈등에 영향을 미치는 변수로 직무특성을 살펴보았다. 하지만 이외의 많은 변수들이 직장－가정갈등에 영향을 미칠 것이다. 따라서 향후 연구에서는 더 많은 선행변수를 파악하여 직장－가정갈등에 미치는 영향관계를 파악해야 할 것이며 특히 호텔기업 같은 서비스기업의 특수성을 고려해 직장－가정갈등에 영향을 미치는 변수를 파악하고 그 관계를 보아야 할 것이다. 또한 직장－가정갈등의 결과로서 나타나는 결과변수의 경우에도 더 많은 변수를 파악해야 할 것이다.

넷째, 본 연구에서는 조절변수로 성별과 사회적 지원을 이용하였는데 보다 다양한 요인들을 이용하여 연구할 필요성이 있다. 즉 동일한 직종(호텔)에 종사한다고 할지라도 고용형태(정규, 비정규), 경영방식(체인, 독립), 기업문화(외국, 국내) 등 호텔기업의 특성에 따라 다르게 영향을 미칠 수 있으므로 향후 연구에서는 이들 변수들을 활용한 연구가 수행되어야 할 것이다.

마지막으로, 본 연구에서는 직장－가정갈등만을 연구하였다. 하지만 선행연구에 의하면 직장－가정갈등과 더불어 가정－직장갈등이 종사원의 직무태도에 영향을 미치는 것으로 나타났다. 따라서 향후 연구에서는 직장－가정갈등과 더불어 가정－직장갈등을 포함한 종합적인 연구가 필요하다.

참고문헌

1. 국내

1) 단행본

권석균 & 이영면(1999), 감량경영 & 고용조정, 한언출판사.

김성국(1992), 조직과 인간행동. 명경사.

김충련(1994), "기초통계분석을 위한 SAS강좌", 데이터 리서치.

노형진(2001), "한글SPSS10.0에 의한 조사방법 및 통계분석", 형설출판사.

백기복(1994), "조직행동연구", 법문사.

채서일(2001), "사회과학 조사방법론", 학현사.

2) 연구논문

강종천(2004), "호텔관리자 리더십이 조직구성원의 조직몰입과 조직시민
　　　행동에 미치는 연구", 경기대학교 박사학위논문

강혜련 & 임희정(2000), "성취동기와 가족친화제도가 기혼여성의 직장-
　　　가정갈등과 경력몰입에 미치는 조절변인의 효과", 한국심리학회
　　　지: 여성, 5(2), pp.1-14

강혜련 & 최서연(2001), "기혼여성 직장-가정 갈등의 예측변수와 결과
　　　변수에 관한 연구", 한국심리학회지: 여성, 6(1), pp.23-42

고현철(2004), "연구개발 조직구성원의 이중몰입에 관한 연구", 연세대

학교 박사학위논문

구혜진(2002), "맞벌이 부부의 역할갈등과 부부의사소통이 직무성과에 미치는 영향에 관한 연구", 연세대학교 석사학위논문

권봉안(2005), "리더십유형, 조직특성 직장 및 직무 특성과 직무스트레스, 조직몰입, 이직의도 간에 관한 연구", 경기대학교 박사학위논문

김은경(2001), "사회적 지원이 맞벌이 주말부부의 역할갈등과 결혼만족도에 미치는 영향에 관한 연구", 한국가정관리학회지, 19(3), pp.1-15

김은상(2000), "조직몰입과 경력몰입의 관계유형이 이직의도, 수행노력, 학습동기에 미치는 효과", 한국심리학회지: 산업 및 조직, 15(1), pp.41-63

김홍규 & 가영희(2005), "성인의 직장-가정에서의 갈등과 만족도에 관한 연구", 한국가정관리학회지, 23(1), pp.85-98

마상진(2003), "실업계 고등학교 교사의 직업교육 가치성향과 조직몰입의 관계", 서울대학교 대학원 박사학위 논문

박상언 & 이영면(2004), "고용불안을 조정한 조직에서 사원들이 느끼는 고용불안과 신뢰 그리고 직무성과의 관계에 관한 연구", 경영학연구, 33(2), pp.503-529

박인규(2004), "직무스트레스와 직장-가정갈등사이에서의 조직지원의 조절효과", 문화관광연구, 6(2), pp.211-222

서균석 외(2003), "개인과 조직의 경력관리가 경력만족, 경력전망 및 경력몰입에 미치는 영향", 경영학연구, 32(6), p.1715

오석윤(2003), "서비스 일선에서 근무하는 호텔 직원의 역할 갈등이 스트레스에 미치는 영향", 호텔경영학연구, 12(2), pp.143-163

윤창영(2001), "기혼 직장여성의 주관적 삶의 질에 관한 연구", 성균관대학교 박사학위논문

이기은(2000), "경력몰입의 결정요인과 경력몰입이 구성원의 태도에 미치는 영향", 서강대학교 박사학위논문

이동열(1995), "직장-가정 갈등이 구성원의 생활만족에 미치는 영향", 서울대학교 석사학위논문

이원행(2001), "한국에서의 측면고용불안에 관한 연구", 한국인사관리학회, 25(4), pp.287-315

이은희(2000), "일-가정갈등의 통합적 모형", 전남대학교 박사학위논문

이은희(2000), "일과 가족 갈등의 통합모형: 선행변인, 결과변인과의 관계", 한국심리학회지: 일반, 19(2), pp.1-42

이형룡 & 허용덕(2004), "호텔직원의 고용환경변화 인식이 직무불안정에 미치는 영향", 관광학연구, 27(4), p.69

임효창, 이봉세 & 박경규(2005), "기혼 직장인의 직장-가정갈등의 원인과 결과에 관한 연구", 경영학연구, 34(5), pp.1417-1443

장은미(1995). "정규직과 임시적의 조직몰입에 관한 비교연구", 인사관리연구, 19, pp.301-321

장은미(1997), "경력관련 변수와 조직몰입분석: 경력단계와 경력 경로와의 관계", 경영학연구, 26(2), p.272

장은미(1997), "경력몰입이 조직몰입과 이직의도에 미치는 이중 조절 효과에 관한 연구", 인사조직연구, 5(2), pp.217-253

장재윤 & 김혜숙(2003), "직장-가정갈등이 삶의 만족 및 직무태도에 미치는 효과에 있어서의 성차", 한국심리학회지: 사회문제, 9(1), pp.23-42

전상길 & 백윤정(1999), "IMF시대 우리나라 금융기관의 고용안정에 대한 동태적 이해의 틀: 개념적 모델", 인사관리연구, 23(2), pp.189-208

정민정 & 탁진국(2004), "성별과 직급에 따른 직무스트레스원에서의 차

이", 한국심리학회지: 건강, 9(3), pp.729－741

최우성(2005), "호텔 종사원에 있어 경력몰입의 선행변수와 결과변수에
관한 연구", 경기대학교 박사학위논문

탁진국(1996), "조직구성원의 경력개발 장애요인에 대한 지각", 한국심
리학회지: 산업 및 조직, 9(1), pp.25－36

홍선희(1996), "관여, 기대 및 지지가 직장－가정갈등에 미치는 영향",
중앙대학교 석사학위논문

2. 국외

1) 단행본

Armour, S.(2002), "Workers put family first despite jobless fears", USA
Today, June 6

Brief, A. P., Schuler, R. S. & Van Sell, M.(1981), "Managing job
stress", Brown Boston

Cohen, S. & McKay, G.(1983), "Social support, stress and the buffering
hypothesis. in. A., Baum, J. E., Singer, S. E., Taylor(Eds)",
Handbook of Psychology and Health (pp.253－267). New York:
Academic Press

Edwards, M. T.(1973), "Leader influence and task", Set. Piss, State
University of New York

Fredriksen－Goldsen, K. I. & Scharlach, A. E.(2001), "Families and
work: New direction in the twenty－first century", New York:

Oxford University Press

French, J. R., Rogers, W. & Cobb.(1974), "Adjustment as person environment fit", Coping and adoption, ed., G. V. Coelho, D. A. Hanburg & J. F. Adams, New York Basic Books

House, G. S.(1981), "Work stress and social support", Reading, MA: Addison − Wesley

Ingen, D. & Hollenbeck, J.(1991), "Job design and roles", Handbook of Industrial and Organizational Psychology, 2, Palo Alto, CA: Counseling Psychologist Press

Ivancevich, J. M. & Matteson, M. T.(1980), Stress and Work: A Managerial Perspective, Glenview III: Scott, Foreman and Company

Kahn, R. L., Wolfe, D. M., Quinn, R., Snoek, J. D. & Rosenthal, R. A.(1964), "Organizational stress", New York: Wiley

Kotler, P. & Armstrong, G.(2001), "Principles of marketing", 9th ed., Prentice Hall

Mowday, R. T., Porter, L. W. & Steers, R. M.(1982). Employee organization linkages. New York: Academic Press.

Pleck, J. H.(1985), "Working wives / working husband", Beverly Hills. CA: Sage

Raabe, P. H.(1990), "Working wives / working husband", Beverly Hills, CA: Sage

Schuler, R. S.(1984), "Organizational stress and coping: A model and overview", in Sethi, A. S. Schuler, R. S.(ed), Handbook of Organizational stress Coping Strategies, Ballinger Pub, Co.

Selye, H.(1976), "The stress of life", McGraw − Hill

Staines, G. L. & Pleck, J. H.(1983), "The impact of work schedules on the family", Ann Arbor, MI: Institute for Social Research

2) 연구논문

Adama, G. A., King, L. A. & King, D. A.(1996), "Relationships of job and family involvement, family social support and work-family conflict with job and life satisfaction", Journal of Applied Psychology, 81, pp.411-420

Allen, N. J. & Meyer, J. P.(1990), "The measurement and antecedents of affective, continuance and normative commitment", Journal of Occupational Psychology, 63, pp.1-18

Allen, T. D., Herst, D., Bruck, C. S. & Sutton, M.(2000), "Consequences associated with work to family conflict: A review and agenda for future research", Journal of Occupational Health and Psychology, 5, pp.278-308

Anderson, S. E., Coffey, B. S. & Byerly, R. T.(2002), "Formal organizational initiatives and informal workplace practices: Links to work-family conflict and job-related outcomes", Journal of Management, 28(6), pp.787-810

Anderson-Kulaman, R. E. & Paludi, M. A.(1986), "Working mothers and the family context: Predicting positive coping", Journal of Vocational Behavior, 28, pp.241-253

Arthur M. B. & Rousseau D. M.(1996), "The Boundaryless Career: A New Employment Principle for a New Organizational Era", New York: Oxford University Press.

Aryee, S. & Tan, K.(1992), "Antecedents and Outcomes of Career Commitment", Journal of Vocational Behavior, 40, pp.288－305

Aryee, S., Chay, Y. W. & Chew, J.(1994), "An Investigation of the Predictors & Outcomes of Career Commitment in Three Career Stage", Journal of Vocational Behavior, 44, pp.1－16

Aryee, S., Luk, V. & Stone, R.(1998), "Family responsive variables and retention－relevant outcomes among employed", Human Relations, 51(1), pp.73－87

Ashford, S.J., Lee. C. & Bobko, P.(1989), "Contents, Causes and Consequences of Job In－security: A Theory－Based Measure and Substantive Test," Academy of Management Journal. 32, pp.803－829.

Ayree, S.(1992), "Antecedents and outcomes of work－family conflict among married professional women: Evidence from singapore", Human Relations, 45, pp.813－837

Babakus, E., Yavas, U., Karatepe, O. M. & Avci, T.(2003), "The effect of management commitment to service quality on employees' affective and performance outcomes", Journal of the Academy of Marketing Science, 31(3), pp.272－286

Babin, B. J. & Boles, J. S.(1998), "Employee behavior in a service environment: A model and test of potential differences between men and women", Journal of Marketing, 62, pp.77－91

Barnett, R. C. & Baruch, G. K.(1985), "Woman's involvement in multiple roles and psychological distress", Journal of Personality and Social Psychology, 49, pp.143－174

Batt, R. & Valcour, P. M.(2003), "Human resource practices as predictors of work－family outcomes and employee turnover", Industrial Relations, 42, pp.189－220

Beauvais, L. L. & Kowalski, K. B.(1993), "Predicting work－family conflict and participation in family－supportive work behavior: A test of two competing theories", 193, Paper presented at the Academy of Management, Atlanta, GA

Bedeian, A. G., Kemery, E. R. & Pizzolatto, A. B.(1991), "Career Commitment and Expected Utility of Present Job as Predictors of Turnover Intentions and Turnover Behavior", Journal of Vocational Behavior, 39, pp.331－343

Beehr, T. A. & Newman, J. E.(1978), "Job employee health, organizational effectiveness: A fact analysis, model and literature review", Personal Psychology, 31, p.4

Beehr, T. A.(1985),"The Role of Social Support in Coping with Organizational Stress.", in Beehr, T. A. & Bhagat, R. S.(eds), Human Stress and Coping in Organization: An Intergrated Perspective, John Willy & Sons, pp.375－395

Blau, G.(1985), "The Measurement and Prediction of Career Commitment", Journal of Occupational Psychology, 58(4), pp.277－288

Blau, G.(1988), "Further Exploring the Meaning and Measurement of Career Commitment", Journal of Vocational Behavior, 32, pp.284－297

Blau, G.(1989), "Testing the Generalizability of a Career Commitment Measure and its Impact on Employee Turnover", Journal of Vacational Behavior, 35, pp.88－103

Boles, J. S., Wood, J. A. & Johnson, J.(2003), "Interrelationships of role conflict, role ambiguity and work−family conflict with different facts of job satisfaction and the moderating effects of gender", Journal of Personal Selling & Sales Management, 23(2), pp.99−113

Boyar, S. L., Maertz, C. P., Jr Pearson, A. W. & Keough, S.(2003), "Work−family conflict: A model of linkages between work and family domain variables and turnover intention", Journal of Management Issues", 15(2), pp.175−190

Boyar, S. L., Maetz Jr, C. P. & Pearson, A. W.(2005), "The effects of work−family conflict and family−work conflict on nonattendance behaviors", Journal of Business Research, 58, pp.919−925

Brockner, J., Grover, S., Reed, T. & L. R. Dewitt(1992), Layoff, job insecurity, and survivors work effort: Evidence of an inverted−U relationship, Academy of Management Journal, 35(2), pp.413−425.

Bruck, C. S., Allen, T. D. & Spector, P. E.(2002), "The relation between work−family conflict and job satisfaction: A finer−grained analysis", Journal of Vocational Behavior, 60, pp.336−353

Burke, R. J.(1988), "Some antecedents and consequences of work−family conflict", Journal of Social Behavior and Personality, 3, pp.287−302

Burke, R. J., Weir, T. & Duwors, R. E.(1980), "Work demands on administrators and spouse well−being", Human Relation, 33

Burr, W. R.(1972), "Role transition: A formulation of Theory", Journal of Marriage and the Family, 34, pp.407−416

Byron, K.(2005), "A meta−analytic review of work−family conflict and its antecedents". Journal of Vocational Behavior, 67, pp.169－198

Caplan, R. D., Cobb, S., French, J. R., Van Harrison, R. & Pinneau, S. R.(1975),"Job Demands and Worker Health." Washington, D. C., U. S. Department of Health, Education and Welfare, National Institute for Occupational Safety and Health.

Carlson, D. S. & Kacmar, K. M.(2000), "Work－family conflict in the organization: Do life role values make a difference?", Journal of Management, 26, pp.1031－1054

Carlson, D. S., Kacmar, K. M. & Wilham, L. J.(2000), "Construction and initial validation of a multidimensional measure of work－family conflict", Journal of Vocational Behavior, 56, pp.249－276

Carlson. D. S. & Perrewe, P. L.(1999), "The role of social support in the stressor－strain relationship: An examination of work－family conflict", Journal of Management, 25, pp.513－540

Carson, K. D. & Bedeian, A. G.(1994), "Career Commitment: Construction of a Measure and Examination of Its Psychometric Properties", Journal of Vocational Behavior, 44, pp.237－262

Cascio, W. F. (1993). Downsizing: what do we know? what have we learned? Academy of Management Executive, 7(1), 245－267.

Champoux, J. E.(1980), "The world of nonwork: Some implications for job re－design efforts", Personnel Psychology, 33, pp.61－75

Cherniss, C.(1991), "Career Commitment in Human Service Professionals: A Biographical Study", Human Relations, 44, pp.419－437

Chung, L.(1988), "Time management strategy, job satisfaction, Research product productivity and life satisfaction of university faculty", Ph. D. Dissertation, Iowa State University

Cohen, E. & Rosebaum, M.(1999), "Equalitatian marriage, spousal support, resourcefulness and psychological distress among Israeli working women", Journal of Vocational Behavior, 54, pp.102−113

Colarelli, S. M. & Bishop, R. C.(1990), "Career Commitment: Functions, Correlates and Management", Group & Organization Management, 15(2), pp.158−177

Darden, W., Hampton, R. & Howell, R.(1989), "Career versus organizational commitment: Antecedents and consequences of retail salespersons commitment", Journal of retailing, 65, pp.80−106

Eby, L. T., Casper, W. J., Lockwood, A., Bordeaux, C. & Brinley, A.(2005), "Work and family research in IO / BO: Content analysis and review of the literature(1980−2002)", Journal of Vocational Behavior, 66, pp.124−197

Eisenberger, R., Huntington, R., Hytchinson, S. & Sowa, D.(1986), "Perceived Organizational Support", Journal of Applied Psychology, 71, pp.500−507

Etzion, D.(1984), "Moderation effect of social support on the stress−burnout relationship", Journal of Applied Psychology, 69, pp.615−622

Fogarty, G. J., Machin, M. A. & Revitt, S.(1999), "Predicting occupational strain and job satisfaction: The role of stress, coping, personality and affectivity variables", Journal of Vocational Behavior, 54, pp.429−452

Frone, M. R. & Rice, R.(1987), "Work−family conflict: The effect of job and family involvement", Journal of Occupational Behavior, 8, pp.45−53

Frone, M. R.(2000), "Work—family conflict and employee psychiatric disorders: The national comorbidity survey", Journal of Applied Psychology, 85, pp.888—895

Frone, M. R., Russell, M. & Cooper, M. L.(1992), "Antecedents and outcomes of work—family conflict: Testing a model of the work—family interface", Journal of Applied Psychology, 77, pp.65—78

Frone, M. R., Russell, M. & Cooper, M. L.(1997), "Relaton of work—family conflict outcomes: A four—year longitudinal study of employed parents", Journal of Occupation Organization Psychology, 70, pp.325—335

Frye, N. K. & Breaugh, J. A.(2004), "Family—friendly policies, supervisor support, work—family conflict, family—work conflict and satisfaction: A test of a conceptual model", Journal of Business and Psychology, 19, pp.197—220

Goff, S. J., Mount, M. K. & Jamison, R. L.(1990), "Employer supported child care, work / family conflict and absenteeism: A field study, Personnel Psychology, 43, pp.793—809

Good, L. K., Sisler, G. F. & Gentry, J. W.(1988), "Antecedents of turnover intentions among retail management personnel", Journal of Retailing, 64, pp.295—314

Grandey, A. A. & Cropenzano (1999), "The conservation of resources model applied to work—family conflict and strain". Journal of Vocational Behavior, 54, pp.350—370

Greenhalgh, L. & Rosenblatt, Z.(1984),"Job Insecurity: Toward Conceptual Clarity.", Academy of Management Review, 9(3), pp.438—448

Greenhaus, J. H. & Beutell, N. J.(1985), "Sources of Conflict between work and family roles", Academy of Management Review, 10, pp.76－88

Greenhaus, J. H. & Parasuraman, S.(1994), "Work－family, social support and well－being", Women in Management; Current Research Issue, pp.213－229

Greenhaus, J. H. & Powell, G. N.(2003), "When work family collide: Deciding between competing role demands", Organizational Behavior Human Decision Process, 90, pp.291－303

Greenhaus, J. H., Bedeian, A. G. & Mossholder, K. W.(1987), "Work experiences, job performance and feeling of personal and family well－being", Journal of Vocational Behavior, 31, pp.200－215

Greenhaus, J. H., Parasuraman, S., Granrose, C. S., Rabinowitz, S. & Beutell, N. J.(1989), "Sources of work－family conflict among two－career couples", Journal of Vocational Behavior, 34, pp.133－153

Gutek, B. A., Searle, S. & Klepa, L.(1991), "Rational versus gender role explanation for work－family conflict", Journal of Applied Psychology, 76, pp.560－568

Hall. D.T. & Moss, J. E.(1998), "The New Protein Career Contracts": Helping Organizations and Employees Adapt, Organizational Dynamics, 26(30), pp.22－37

Harris, L. C. & Reynolds, K. L.(2003), "The Consequences of dysfunctional customer behavior", Journal of Service Research, 6(2), pp.144－161

Harrison, R. V.(1985), "The person and environment fit model and the study of job stress", in Beehr, T. A. & Bhogat, R. S.(ed),

Human Stress and Cognition in Organization: An Integranted Perspective, John Wily & Sons, p.25

Higgins, C. A. & Duxury, L. E.(1991), "Gender difference in work — family conflict", Journal of Applied Psychology, 69(2), pp.252 — 260

Higgins, W. A. & Duxbury, L. E.(1992), "Work — family conflict: A comparison of dual — career and traditional — career men", Journal of Organizational Behavior, 13, pp.389 — 411

Hsieh, A. T. & Yen, C. H.(2005), "The effect of customer participation on service providers' job stress", The Service Industries Journal, 25(7), pp.891 — 905

Hughes, D. & Galinsky, F.(1994), "Work experiences and marital interaction: Elaborating the complexity of work", Journal of Organizational Behavior, 15, pp.423 — 438

Hunt, S. D & Morgan, R. M(1994), "Organizational commitment: One of many commitment or Key mediating construct?", Academy of Management Journal, 37(6), pp.1568 — 1587.

Isenberger, R., Cummings, J., Armeli, S. & Lynch, P.(1997), "Perceived Organizational Support, Discretionary Treatment and Job Satisfaction", Journal of Applied Psychology, 82, pp.812 — 820

Judge, T. A., Boudreau, J. W. & Bretz, R. D.(1994), "Job and life attitudes of male executives", Journal of Applied Psychology, 79, pp.767 — 782

Karatepe, O. M. & Kilic, H.(2006), "Relationship of supervisor support and conflict in the work — family interface with the selected job outcomes of frontline employees", Tourism Management, in press

Karatepe, O. M. & Sokmen, A.(2006), "The effect of work role and family role variables on psychological and behavioral outcomes of frontline employees", Tourism Management, 27, pp.255－268

Karatepe, O. M., Avei, T., Karatepe, T. & Canozer, S.(2003), "The measurement of job satisfaction: An empirical study of frontline employees in the Notthern Cyprus hotel industry", International Journal of Hospitality & Tourism Management Administration, 4(1), pp.69－85

Karen, S. L.(1999), "When work family benefits are not enough: The influence of work－family culture on benefit utilization, organization attachment and work－family conflict", Journal of Vocational behavior, 54, pp.392－411

Keith, P. M. & Shafer, R. B.(1984), "Role behavior and psychological well－being: A comparison of men in one－job and two－job family", American Journal of Orthopsychiatry, 54, pp.137－154

Kelly, R. F. & Voydanoff, P.(1985), "Work－family role strain among employed parents", Family Relations, 34, pp.367－374

Kilic, H. & Okumus, F.(2005), "Factors influencing productivity in small island hotels: Evidence from Northern Cyprus", International Journal of Contemporary Hospitality Management, 17(4), pp.315－331

Kim, S.(1996), "Employee Intent to Stay: The Case of Automobile Workers in South Korea", Unpublished PhD Thesis, University of Iowa

Kinnunen, U., Mauno, S., Natti, J. & M. Happonen(2000), Organizational antecedents and outcomes of job insecurity: A longitudinal study in 3 organizations in Finland, Journal of Organizational Behavior, 21(4) pp.443 — 459.

Ko, J. W., Price, J. L. & Mueller, C. W.(1997), "Assesment of Meyer and Allen's Three — Component Model of Organizational Commitment in South Korea", Journal of Applied Psychology, 82, pp.961 — 973

Koch, J. D. & Steers, R. M.(1976), "Job Attachment, Satisfaction, and Turnover Among Public Sector Employees," Journal of Vocational Behavior, 12(1), pp.119 — 128.

Konrad, A. M., Ritchie, J. E., Lieb, P. & Corrigall, E.(2000), "Sex differences and similarities in job attribute preference: A meta — analysis", Psychology Bulletin, 126, pp.593 — 641

Kopleman, R. E., Greenhaus, J. H. & Connolly, T. F.(1983), "A model of work, family and interrole conflict: A construct validation study", Organizational Behavior & Human Performance, 32, pp.198 — 215

Kosseck, E. E. & Ozeki, C.(1998), "Work — family conflict, policies and the job — life satisfaction relationship: A review and direction for organizational behavior — human resources research", Journal of Psychology, 83, pp.139 — 149

Kossek, E. E. & Nichol, V.(1992), "The effects of on — site child care on employee attitudes and performance", Personnel Psychology, 45, pp.485 — 509

Kossek, E. E. & Ozeki, C.(1999), "Bridging the work — family policy and productivity gap: A literature review", Community, Work & Family, 2, pp.7 — 32

Larson, J. H., Wilson, S. M. & Beley. R.(1994), "The impact of job insecurity on marital and family relationship", Family Relationship, 43, pp.138−143

Lee, K.., Carswell, J. J. & Allen, N. J.(2000), "A Meta−analytic Review of Occupational Commitment: Relations with Person and Work−related Variables", Journal of Applied Psychology, 85, pp.799−811

Lim, V. K. G.(1996), "Job Insecurity and Its Outcomes: Moderating Effects of Work−Based and Nonwork−Based Social Support.", Human Relations, 49, pp.171−194

Lo, S., Raymond, S. & Catherine, W. N.(2003), "Work−family conflict and coping strategies adopted by female married professionals in hong kong", Women Management Review, 18(4), pp.182−190

Lobel, S. A.(1992), "A value−laden approach to integrating work and family life", Human Resource Management, 31(3), pp.24−33

Loerch, K. J., Russel, J. E. & Rush, M. C.(1989), "The relationship among family domain variables and work−family conflict for men and women", Journal of Vocational Behavior, 35, pp.288−308

Love, M., Galinsky, E. & Hughes, K.(1987), "Work and family: Research findings and models for change", Industrial and Labor Relations Report, 25, pp.13−20

Mcelwain, A. K., Korabik, K. & Rosin, H. M.(2005), "An examination of gender differences in work−family conflict", Canadian Journal of Behavioral Science, 37(4), pp.283−298

Meyer, J. P. & Allen, N. J.(1991), "A Three−Compinent Conceptualization of Organizational Commitment", Human Resource Management Review, 1(1), pp.61–98

Michelson, W.(1983), "The logistics of maternal employment: Implications for women and their family", Child in the city report No.18, Toronto, Ontario, Canada: University of Toronto, Center for Urban and Community Studies

Murrell, S. A. & Norris, F. H.(1983), "Resources, life events and changes in psychological states: A prospective framework", American Journal of Community Psychology, 1111(5), pp.473–491

Netemeyer, R. G., Boles, J. S. & McMurrian, R.(1996), "Development and validation of work–family and family–work conflict scales", Journal of Applied Psychology, 81, pp.400–410

Netemeyer, R. G., Brashear–Alejandro, T. & Boles, J. S.(2004), "A cross–national model of job–related outcomes of work role and family role variables: A retail sales context", Journal of the Academy of Marketing Science, 32(1), pp.49–60

Nielson, T. R., Carlson, D. S. & Lankau, M. J.(2001), "The supportive mentor as a means of reducing work–family conflict", Journal of Vocational Behavior, 59, pp.364–381

O'Driscoll, M. P., Brough, P. & Kalliath, T. J.(2004), "Work / family conflict, psychological well–being, satisfaction and social support: A longitudinal study in New Zealand", Equal Opportunities International, 23(1 / 2), pp.36–56

O'Driscoll, M. P., Poelmans, S., Spector, P. E., Kalliath, T., Allen, T. D. & Cooper, C. L. et al.(2003), "Family responsive interventions, perceived organizational strain", International Journal of Stress Management, 10(4), pp.326−344

O'Driscoll, M., Ilgen, D. & Hildreth, K.(1992), "Time devoted to job and off−job activity, interrole conflict and affective experience", Journal of Applied Psychology, 77, pp.272−279

Parasuraman, S., Purohit, Y. S. & Godshalk, V. M.(1996), "Work and family variables, entrepreneurial career success and psychological well−being", Journal of Vocational Behavior, 48, pp.275−300

Peccei, R. & Rosenthal, P.(1997), "The Antecedents of Employee Commitment to Customer Service: Evidence from UK Service Context", International Journal of Human Resource Management, 8, pp.66−86

Pleck, J. H., Staines, G. L. & Lang, L.(1980), "Conflict between work and family life", Monthly Labor Review, 103, pp.29−32

Porter, L. M., Steers, R. M., Mowday, R. R. & Boulian, P. V.(1973), "Organizational Commitment, Job Satisfaction, and Turnover Among Psychiatric Technicians," Journal of Applied Psychology, 59, pp.603−609.

Ray, E. L. & Miller, K.(1994), "Support, stress burnout: Who can help?", Journal of Applied Behavioral Science, 30, pp.257−373

Rosenblatt, Z. & Ruvio, A.(1996), A test of a multidimensional model of job insecurity: the case of Israeli teacher, Journal of Organizational Behavior, 17, 587−605.

Sergeant, A. & Frenkel, S.(2000), "When do customer contact employees satisfy customers?", Journal of Service Research, 3(1), pp.18−34

Shore, L. M., & Wayne, S. J.(1993), "Commitment and Employee

Behavior: Comparison of Affective Commitment and Continuance Commitment With Percejved Organizational Support," Journal of Apploed Psychology, 78, pp.774－780.

Sohi, R. S.(1996), "The effects of environmental dynamism and heterogeneity on salespeople's role perceptions, performances and job satisfaction", European Journal of Marketing, 30(7), pp.49－67

Staines, G. & O'Conner, P.(1980), "Conflicts among work leisure and family roles", Monthly Labor Review, 103, pp.30－35

Staines, G. L.(1980), "Spillover versus compensation: A review of the literature on the relationship between work and nonwork", Human Relation, 33, pp.111－129

Tenbrusel, A., Brett, J., Maoz, E., Stroh, L. & Reilly, A.(1995), "Dynamic and static work－family relationships", Organizational Behavior and Human Decision Processes, 63, pp.233－246

Thomas, L. T. & Ganster, D. C.(1995), "Impact of family－supportive work variables on work family conflict and strain: A control perspective", Journal of Applied Psychology, 80, pp.6－15

Thompson, H. B. & Werner, J. M.(1997), "The impact of role conflict／facilitation on core and discretionary behavior: Testing a mediated model", Journal of Management, 23(4), pp.583－603

Vandenheuvel, A. & Wooden, M.(1995), "Do explanations of absenteeism differ for men and women?", Human Relation, 48, pp.1309－1329

Voydanoff, P.(1990), "Economic distress and family relation: A review of the eighties", Journal of Marriage and the Family, 52, pp.1099－1115

Voydanoff, P.(2002), "Linkage between the work−family interface and work, family and individual outcomes: An integrative model", Journal of Familu Issue, 23, pp.130−164

Voydonoff, P.(1999), "Work and family issues: Policies, programs and approaches", Family Relation, 48, pp.215−218

Wallace, J. E.(1997), "It's about time: A study of hours worked and work spillover among law firm lawyers", Journal of Vocational Behavior, 50, pp.227−248

Wallance, J. E.(1995), "Corporatist Control and Organizational Commitment Among Professionals: The Case of Lawyers Working in Law Firms", Social Forbes, 73, pp.811−839

Wayne, J. H., Musisca, N. & Fleeson, W.(2004), "Considering the role of personality in the work−family experience: Relationship of the big five to work−family conflict and facilitation", Journal of Vocational Behavior, 64, pp.108−130

Wiersma, U. J.(1994), "A taxonomy of behavioral strategies for coping with work−home conflict", Human Relations, 47(2), pp.211−223

Yoon, J. & Lim, J.(1999), "Organizational Support in the Workplace: The Case of Korean Hospital Employees", Human Relations, 52, pp.923−945

Zedeck, S. & Moiser, K.(1990), "Work in the family and employing organization", American Psychology, 45, pp.240−251

설문서

호텔 종사원에 있어 직무특성이 직장-가정갈등과 조직 및 경력몰입에 미치는 영향에 에 관한 연구 설문조사

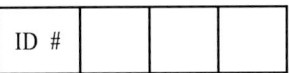

안녕하십니까? 저는 명지대학교 대학원에서 박사과정을 수료하고 박사학위 청구논문을 준비하고 있는 강정원입니다.
저는 <u>호텔종사원의 직장-가정 갈등</u>에 대하여 여러분의 고견을 조사·연구하려고 합니다. 따라서 귀하의 솔직한 의견을 부탁드리며, 이 자료는 오직 학술적인 목적으로만 사용될 것임을 약속드립니다.
감사합니다.

2006. 8.

지도교수: 명지대학교 대학원 교수 이종훈
연구자: 명지대학교 대학원 경영학과 강정원
Tel: 011-621-2277

※ 다음의 내용을 반드시 읽어보시고 설문에 응답하여 주시면 감사하겠습니다.

□ 초과근무시간: 초과근무시간은 주당 40시간을 넘어서 일하는 경우를 말합니다.

□ 야간근무: 야간근무는 오후 10시를 넘어서 다음날 새벽이나 아침까지 일하는 경우를 말합니다.

□ 휴일근무: 휴일근무는 공휴일 및 주말에 일하는 경우를 말합니다.

PART I. 근무시간

다음의 설문문항은 **귀하의 근무시간의** 정도를 알아보기 위한 것입니다. 이에 대한 귀하의 생각 정도를 동의하시는 곳에 "√"로 표시하여 주시기 바랍니다.

전혀 그렇지 않다 ①	②	보통이다 ③	④	매우 그렇다 ⑤
		□ 근무시간		
1. 나는 다른 직장(호텔이 아닌)에 비해 초과로 근무하는 시간이 많다고 생각한다. ①	②	③	④	⑤
2. 나는 다른 직장(호텔이 아닌)에 비해 야간근무를 많이 한다고 생각한다. ①	②	③	④	⑤
3. 나는 다른 직장(호텔이 아닌)에 비해 휴일근무를 많이 한다고 생각한다. ①	②	③	④	⑤

PART Ⅱ. 직무스트레스

다음의 설문문항은 **귀하의 직무스트레스에** 정도를 알아보기 위한 것입니다. 이에 대한 귀하의 생각 정도를 동의하시는 곳에 "√"로 표시하여 주시기 바랍니다.

전혀 그렇지 않다		보통이다		매우 그렇다
①	②	③	④	⑤

□ 직무스트레스					
1. 나의 업무는 매우 어렵다.	①	②	③	④	⑤
2. 나에게 감당하기 어려운 과제 등이 주어지는 경우가 있다.	①	②	③	④	⑤
3. 나는 처리해야 할 일이 많아지고 있다.	①	②	③	④	⑤
4. 나는 업무가 너무 복잡하고 불확실하다.	①	②	③	④	⑤
5. 나는 너무 많은 책임을 지고 있다.	①	②	③	④	⑤
6. 나는 일을 집에 까지 가져가야 할 때가 많다.	①	②	③	④	⑤

PART Ⅲ. 고용불안정성

다음의 설문문항은 **귀하의 고용불안정성에** 정도를 알아보기 위한 것입니다. 이에 대한 귀하의 생각 정도를 동의하시는 곳에 "√"로 표시하여 주시기 바랍니다.

전혀 그렇지 않다		보통이다		매우 그렇다
①	②	③	④	⑤

□ 고용불안정성

	①	②	③	④	⑤
1. 나는 내 뜻과 무관하게 회사를 떠나야 할지도 모른다.	①	②	③	④	⑤
2. 나는 앞으로 추가 감원조치의 가능성이 크다고 생각한다.	①	②	③	④	⑤
3. 나는 언제 추가 감원이 있을지 불안감을 느낀다.	①	②	③	④	⑤
4. 나는 나의 부서나 내가 맡은 일의 장래가 불투명하다고 생각한다.	①	②	③	④	⑤
5. 나는 우리 회사의 고용안정성에 대해 만족하지 못한다.	①	②	③	④	⑤

PART Ⅳ. 직장-가정 갈등

다음의 설문문항은 **귀하의 직장-가정 갈등의** 정도를 알아보기 위한 것입니다. 이에 대한 귀하의 생각 정도를 동의하시는 곳에 "√"로 표시하여 주시기 바랍니다.

전혀 그렇지 않다		보통이다		매우 그렇다
①	②	③	④	⑤

□ 직장-가정 갈등

	①	②	③	④	⑤
1. 나는 퇴근 후에 너무 피곤해서 내가 하고자 하는 일들을 집에서 할 수가 없다.	①	②	③	④	⑤
2. 나는 직장일 때문에 가족, 친구들과 함께 보낼 시간을 빼앗기고 있다.	①	②	③	④	⑤

전혀 그렇지 않다 ①		②	보통이다 ③		④		매우 그렇다 ⑤	

3. 나의 가족은 집에서 내가 업무와 관련된 일에 열중하는 것을 별로 좋아하지 않는다.	①	②	③	④	⑤
4. 직장에서 해야 할 일이 많기 때문에 개인적으로 관심 있는 일을 할 수가 없다.	①	②	③	④	⑤
5. 직장생활과 가정생활 모두를 위해서 시간을 적절하게 배분하는 데 어려움을 겪고 있다.	①	②	③	④	⑤
6. 직장과 가정에서 해야 할 일을 모두 잘 하기에는 시간이 부족하다.	①	②	③	④	⑤

PART Ⅴ. 조직몰입

다음의 설문문항은 **귀하의 조직몰입에 대한** 정도를 알아보기 위한 것입니다. 이에 대한 귀하의 생각 정도를 동의하시는 곳에 "√"로 표시하여 주시기 바랍니다.

전혀 그렇지 않다 ①		②	보통이다 ③		④		매우 그렇다 ⑤	

□ 조직몰입					
1. 나는 실제로 우리 호텔의 문제가 진실로 나의 문제인 것처럼 느낀다.	①	②	③	④	⑤
2. 나는 우리호텔에 강한 소속감을 느낀다.	①	②	③	④	⑤
3. 나는 우리호텔에 대하여 감정적(정서적)으로 애착감을 느낀다.	①	②	③	④	⑤
4. 나는 우리 호텔 내에서 내 자신이한 가족의 일원인 것처럼 느낀다.	①	②	③	④	⑤
5. 이 호텔(직장)은 나에게 개인적으로 중요한 의미가 있다.	①	②	③	④	⑤

PART Ⅵ. 경력몰입

다음의 설문문항은 **귀하의 경력몰입의** 정도를 알아보기 위한 것입니다. 이에 대한 귀하의 생각 정도를 동의하시는 곳에 "√"로 표시하여 주시기 바랍니다.

전혀 그렇지 않다		보통이다		매우 그렇다
①	②	③	④	⑤

□ 경력몰입					
1. 나는 충분한 돈을 가지고 있더라도 현 직장에서 계속 일을 할 것이다.	①	②	③	④	⑤
2. 나는 내 직업을 매우 좋아하기 때문에 그만두지 않을 것이다.	①	②	③	④	⑤
3. 내 직업은 평생 직업으로 이상적이다.	①	②	③	④	⑤
4. 나는 내 직업이 천직이라고 생각한다.	①	②	③	④	⑤
5. 내가 다시 직장을 선택할 수 있다고 하더라도 나는 현 직장에서 일을 계속할 것이다.	①	②	③	④	⑤
6. 나는 내 직업에 불만을 느끼지 않는다.	①	②	③	④	⑤

PART Ⅶ. 사회적 지원

다음의 설문문항은 **귀하의 사회적 지원에 대한 인식** 정도를 알아보기 위한 것입니다. 이에 대한 귀하의 생각 정도를 동의하시는 곳에 "√"로 표시하여 주시기 바랍니다.

전혀 그렇지 않다		보통이다		매우 그렇다
①	②	③	④	⑤

□ 상사의 지원					
1. 나의 상사는 내가 업무와 관련된 문제를 말하면 기꺼이 경청한다.	①	②	③	④	⑤
2. 나의 상사는 나의 업무에 많은 관심을 보여준다.	①	②	③	④	⑤
3. 나의 상사는 업무상 어려운 일이 발생했을 때 도움이 된다.	①	②	③	④	⑤
4. 나의 상사는 내가 업무처리를 잘 했을 때 칭찬을 해준다.	①	②	③	④	⑤
□ 동료의 지원					
5. 나의 동료들은 업무수행에 많은 도움을 준다.	①	②	③	④	⑤
6. 나의 동료는 업무수행과 관련하여 어려운 일이 발생하였을 때나 평상시에도 도움을 준다.	①	②	③	④	⑤
7. 나의 동료는 내가 업무수행과 관련된 문제를 말하면 기꺼이 경청한다.	①	②	③	④	⑤
□ 조직의 지원					
8. 회사는 나의 목표와 가치관을 최대한 존중해준다.	①	②	③	④	⑤
9. 내가 업무상 또는 사적인 문제로 곤경에 처할 때 회사는 나에게 도움을 준다.	①	②	③	④	⑤
10. 회사는 내가 업무에 흥미를 느낄 수 있도록 배려해 준다.	①	②	③	④	⑤
11. 회사는 내가 제기한 불평이나 불만을 무시하지 않는다.	①	②	③	④	⑤
12. 회사는 나의 복리후생에 대해 정말로 관심을 보인다.	①	②	③	④	⑤
13. 회사는 나의 의견에 대해 관심을 보인다.	①	②	③	④	⑤

PART Ⅷ. 일반사항

다음의 설문문항은 **귀하의 일반적 사항**을 알아보기 위한 것입니다. 해당하는 곳에 "√"로 표시하여 주시기 바랍니다.

1. 귀하의 성별은?

　　①남성　　②여성

2. 귀하의 연령은?

　　①20대　　②30대　　③40대　　④50대

3. 귀하의 학력은?

　　①고졸　　②전문대(재)졸　　③대(재)졸　　④대학원(재)졸

4. 귀하의 결혼여부는?

　　①기혼　　②미혼

5. 귀하의 소속 부서는?

　　①객실　　②식음료　　③조리　　④관리

6. 귀하의 고용 형태는?

　　①정규직　　②비정규직(계약직 포함)

7. 귀하의 직급은?

　　①사원　　②주임　　③계장　　④과장(대리)

　　⑤차장급 이상

8. 귀하의 근속연수는?

　　①1년 미만　②1-3년　③4-7년　④8-11년　⑤12년 이상

☺ 바쁘신 와중에도 끝까지 설문에 응답해 주셔서 대단히 감사합니다 ☺

강정원 명지대학교 경상대학 겸임교수
중앙교육개발원 교수
노동부 직업안정법 교육훈련 강사
강남구청 고용안정팀

본 도서는 한국학술정보(주)와 저작자 간에 전송권 및 출판권 계약이 체결된 도서로서, 당사
와의 계약에 의해 이 도서를 구매한 도서관은 대학(동일 캠퍼스) 내에서 정당한 이용권자(재
적학생 및 교직원)에게 전송할 수 있는 권리를 보유하게 됩니다. 그러나 다른 지역으로의 전
송과 정당한 이용권자 이외의 이용은 금지되어 있습니다.

직장 - 가정 갈등의 결정요인과 효과에 관한 연구

- 초판 인쇄   2008년 7월 30일
- 초판 발행   2008년 7월 30일

- 지 은 이   강정원
- 펴 낸 이   채종준
- 펴 낸 곳   한국학술정보㈜
　　　　　　경기도 파주시 교하읍 문발리 513-5
　　　　　　파주출판문화정보산업단지
　　　　　　전화 031) 908-3181(대표) · 팩스 031) 908-3189
　　　　　　홈페이지 http://www.kstudy.com
　　　　　　e-mail(출판사업부) publish@kstudy.com
- 등   록   제일산-115호(2000. 6. 19)
- 가   격   11,000원

ISBN   978-89-534-9864-8 93320 (Paper Book)
　　　　978-89-534-9865-5 98320(e-Book)